五官相法精粹

蕭湘相法(二)

命理與人生45

蕭湘居士⊙著

ISBN 978-957-13-0538-7

玄奧的五官相法

——序

蕭湘居士

《五官相法精粹》，乃作者數十年來研讀古今相書，教授人相學，以及為來客談相觀氣累積的心得所寫成。與時下一般相書最大不同之點有三：

㈠根據「有諸內必形諸外」的道理，並參照「遺傳學」、「生理學」、「中醫學」的科學原理，將五官相理的「根源」加以闡釋，俾使讀者能「知其然」，亦「知其所以然」，也可以說作者將歷代所傳之「觀人術」，提昇至具有科學依據的「人相學」境界。

㈡本書非「休閒相書」，休閒相書的最大特點是頗有可讀性，尤其適合初學手相、面相者的口味，但嚴格言之，內容太過簡略淺顯，並欠缺整體性、一貫性。而《五官相法精粹》，乃係研究人相學、教授人相學或是為人談相觀氣的工具書。

㈢研究人相學，不外從一個人的面相、手相中探討他一生的事業成敗及攻守時機，家族關係及婚姻子女，健康智慧及個性品德等三項問題，本書就上述三項問題，不但素材蒐集豐富，並分別加以歸納臚陳，讀者如有關五官相法方面的上述三項疑難問題，均可在本書中按圖索驥找到答案。另外有關女性的五官相法另加論列，亦為本書的特點。

本書承時報出版公司編者的垂愛，有幸與讀者見面，作著深感榮幸之至。

序於台北寓所

目錄

《三》

眼……75

《一》

耳

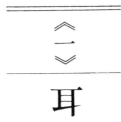

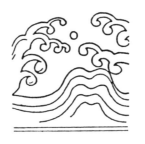

●耳之部位特性

先賢云：「富貴之人不一定有好耳，但一定有好眼，貧賤之人不一定有好耳，但一定無好眼。」達摩相法亦云：「面相十分，眼佔其五，額鼻顴頦各佔一分，眉耳口齒共佔一分。」由此說明耳相之好壞對一個人一生收穫之多寡影響不大，但吾人又不得不注意「耳爲面之關鎖」「耳爲福星」之說。試觀一個有大成就、大收穫的人，如果耳朵相理符合標準，不但其幼少年時期生活優裕又深享親情，其一生之成就與收穫，亦來得自然輕鬆而不必刻意強求，同時一生享福閒逸到老。反之，如果耳朵相理不符合標準，即使一生有大成就、大收穫，得來也非常勉強，即使不出生入死，也必備嘗艱辛困苦，歷盡凶險危難而後始抵於成，同時一生勞勞碌碌死而後已。如果世間眞有所謂「厚福」「傻福」「庸福」的說法，那麼耳之相理合乎標準的人，一生即使沒有什麼成就收穫，其人也必一生無凶險，並享閒逸之福，尤以女性爲甚。耳又與吾人之心性亦有特別關聯，因耳司聞，耳善者所聞皆善，腦中所藏者皆善念，耳惡者所聞皆惡，腦中所藏者皆惡念。故頑劣不化之徒，即使與其說盡好話，或哀哀求告，仍充耳不聞，最終仍呈其獸慾或致人於死地。

耳又係吾人身體內部器官的縮影，從耳的長相和氣色，可以淸楚的反映吾人先天內部器官的發育優良與否，以及後天的健康情況。如耳垂部位與腦組織、神經系、內分泌系及眼睛等內部器官組織相聯屬。中耳部位與心、肺、肝、膽、脾、腎、胃、大小腸等內部器官組織相聯屬。上耳部位與生殖系統、泌尿系統等內部器官組織相聯屬。外耳輪及內耳廓則與脊髓胸腔頸項腰腹及四肢等內部器官組織相聯屬，整隻耳朶並佈滿各種微血管及神經組織。又吾人在未滿十五歲骨骼及內部器官尚未發育完全以前（註：男孩以外腎長毛完全，女孩以癸水來潮正常，表示發育完全），面型及體型均有若干不同程度的改變，但吾人之耳則自出生一直到死亡始終形狀不變（註：不論男女，在發育完全以後，面形及體格即不再改變，但精神、氣魄、氣質、性格、鬚眉、膚髮、氣色、肉色、肥瘦、甲齒、聲音、紋痕、痣斑等則隨心而改，時時在變。）。因此，耳擁有「以靜制動」的屬性，當然對吾人一生之健康、智慧與個性深具影響力量，進而影響吾人一生之收獲與成就。茲就耳的各種相理及其休咎分述如下：

●耳相看事業成敗及攻守時機

▲耳長大堅厚形美，垂珠圓大又長到鼻準以下者，謂之「垂肩耳」，主其人大貴並高壽。但必須口角朝上，人中上窄下寬，地閣有朝等配觀條件無缺陷者始驗，否則減分論。

▲耳不論大小，只要輪廓分明（外耳輪爲輪，內耳輪爲廓），兩耳厚大整齊端正，垂珠軟厚有朝，耳的膚色白過於面，即爲標準之耳（左耳白，右耳硬亦佳）。其他各官再配合得當者，主其人有或大或小之成就，永不顚沛，並性格優良，循良正派。

▲耳形堅厚形美而貼附於腦者，謂之「貼腦耳」，主其人思慮縝密，機謀深藏，善於營謀，一生富足福壽。

▲耳形高聳如茶壺之提把（即天輪向後高聳），垂珠厚大朝天倉者，謂之「提耳」，主其人青少年期即可名利雙收。

▲耳生長的位置最好高過於眉，主其人思想高雅，智力高超，中少年運佳，如其他五官配合得當，主其人大有成就並高壽。如耳高於眼，並其他各官配合得當者，

主其人有統御才能，其人行眼運時，官途財運亨通。如低過於眼爲虎欺龍之格，主青中年難發運並促壽，無耳珠者尤甚。

▲耳門（即耳孔）寬大又深邃者，主其人智謀遠大性情豁達，一生運佳有成。但人中過狹，舌條過尖，聲音過弱，頸項過細者，均應減分論，主其人難成器。（註：耳孔又名耳門，與耳洞有別）

▲耳肉薄，再加山根低，嘴翹，胸凸者，主其人一生受人差使，沒有出頭之日，勞苦之相。

▲耳貼腦（正面看不到耳朵）垂珠氣色亦鮮潤者，主其人目前運程亨通（肥人一定要耳貼腦，瘦人則不忌）。如再耳高於眉，主其人英明賢達，必能出類拔萃。但唇不紅、齒不白者減分論。

▲耳生的位置高低不一，再兩眼歪斜者，主其人四十一歲至四十五歲損財敗業，或損健康或有外傷。

▲耳生的位置高低不一，再加鼻之山根低陷，年壽歪曲露骨者，主其人三十一歲至四十歲破財敗業。

▲耳有輪無廓又傾前，但形秀有揚，狀似蓮瓣，紅潤鮮明，耳門寬大者，謂之「鹿耳」，主其人有奇巧，可在某種事物上頗有成就，但一生難聚大財。

▲耳無輪又無廓者，謂之「豬耳」，主其人終身運蹇難成事業，並不善終。

▲耳輪廓分明，但耳肉薄削者，主其人一生名多於利，不宜業商，只宜朝文學、藝術方面發展。又耳相好但鼻準不豐者，亦主一生名高於利。

▲耳輪不可反，耳廓不可露，如輪反廓露，主其人雖精明幹練，但不守財，往往破敗於剎那之間，耳貼腦者情況稍佳。

▲耳輪雜亂凸出謂之「金木開花」，再輪飛廓反者，主其人幼小家貧，一生艱辛。

▲耳有天輪而無地輪者，主其人一生事業成敗無常。

▲耳露廓，但貼腦又有垂珠者，主其人一生仍主有成。

▲耳廓反又無輪，再額部橫紋亂生山根斷折者，主其人青少年皆難發運。

▲耳廓耳輪或耳孔內生有黑子再加眉鼻相理欠佳者，主其人感情勝過理智，三十歲至五十歲防家運及事業運轉爲敗退，同時防訴訟或是非之累。

▲耳形過大，但唇過薄者，主其人少福祿，晚年尤甚。

▲耳形過大，但眼小者，主其人一生運蹇，事業少成。

▲耳兩邊大小高低不一者，主其人終身阻礙多，事業難成。耳之形狀如左耳劣，右耳佳者爲「金尅木」，主幼運坎坷，終身運蹇。

▲耳形雖大但耳形惡劣又無垂珠，生的位置又特別高者，謂之「箭耳」，主其人雖有才智，但好大喜功，浮誇不實，恃才傲物，眼高手低，剛愎自用，一生潦倒的時候多。

▲耳形過大肉質鬆軟，輪廓微明，垂珠不朝，風當不起，孔大色滯者，名爲「驢耳」，主其人心朦無能又貪淫，六親少助，如係木水二形人，中年可小發。

▲耳形過小，但鼻過大者，主其人終生勞碌，五小格者例外。

▲耳形過小，但眼過大者，主其人一生難聚財。

▲耳形雖小，但輪廓緊收，肉質厚實細緻，有如拉緊的弓弦，並垂珠朝口，色白過面，貼腦又高過於眉者，謂之「棋子耳」，亦謂之耳有「氣」，主其人白手成家，富貴可期，中年大發，配「五小格」者尤佳。

▲耳極小又斜，耳輪收而不放又無垂珠著，名曰「鼠耳」，主其人易犯官非，多爲盜

賊之流。

▲耳旁之「命門」鬢毛過多（超過耳朵二分之一），人中又無髭者，主其人三十五歲後運程蹇滯，同時多小人是非，嚴重時則主刑尅破敗，爲官失職。

▲耳形好，耳孔寬大，耳垂厚大又朝頷者，主其人十五歲前即可發運，如從事影藝事業之童星，可名利雙收。

▲耳貼腦，耳垂厚大，眉淸目秀，鼻顴又托者，主其人四十歲前發大運。

▲耳垂珠朝口者，主其人五十歲後運程平順。如其他各官配合得當者，主老運亨通，女性則主幫夫，但耳垂珠背面空凹者不可同論。

▲耳無垂珠者，主其人一生創業艱難，金錢上較難有收穫。如其人已有富貴，則晚年有破產失官之虞，或病災難免。

▲耳垂珠生黑痣者，主其人終必有財，財之大小以其人之格局大小而定。

▲耳在青年時期枯暗者，主其人大窮大敗，中年時期枯暗者，終生無運，老年時期枯暗者，主其人一、二年內死亡。

▲耳色潤白，耳垂珠色紅者，主其人盛運當頭。如整隻耳色鮮紅又潤者，再加官祿

宮及遷移宮氣色亦明者，公教人員必主陞遷。

▲耳的氣色壞過面的氣色（尤以耳門爲甚）者，主其人運程不順事業失敗。反之，耳的氣色瑩潔，雖面的氣色不佳，亦主運吉。

▲金形人喜耳白而方長（金耳），忌尖小露廓（火耳），主早年刑傷。如耳形圓厚（水耳）爲金形帶水，主一生名利雙收。

▲木形人喜耳長堅瘦（木耳），如尖露（火耳）爲木形帶火主吉。忌方白（金耳），爲木形帶金主早年刑傷。

▲水形人喜耳圓厚貼腦（水耳），如形似扇風狀（扇風耳）爲犯水，一生多刑多敗。

▲火形人喜耳尖長高露（火耳），或耳長堅瘦（木耳）均主吉，如圓厚而黑（水耳），爲火形帶水，主貧窮短壽。

▲土形人喜耳大珠厚（土耳），如形狀瘦長（木耳），爲土形帶木，主一生逆挫。

▲「相不獨論」當論及耳之各種休咎時，尚須參照其他各部位綜合論斷之。

●耳相看家族關係及婚姻子女

▲左耳象徵父之遺傳，右耳象徵母之遺傳（男左女右），凡耳相佳者，主其人受胎時，父母之身心健康必佳，父母個性品德亦優良，尤以有垂有珠之人，更象徵其父母祖先積有陰德。耳相劣者，主其人受胎時，不是父母之身心健康欠佳，就是父母之個性品德欠優良所致。

▲左耳輪缺損者主剋父，右耳輪缺損者主剋母，並主其人幼少離家，難享親情，客死異鄉。兩耳形狀一致者爲吉相，形狀不一致者爲金木相剋定主不吉。但左耳白過右耳，右耳硬過左耳者不忌，因左耳爲金星不忌白潤，右耳爲木星不忌堅硬（男左女右）

▲兩耳輪廓分明堅實瑩淨，印堂平滿，兩眉清秀，印堂無惡紋、惡痣凹陷，兩眉不鎖印堂，頸壯而直，乃骨（父）肉（母）有氣，主其人十四歲前父母健在。如兩耳軟薄，輪缺廓反，鬢角壓眉，乃神（父）昏氣（母）濁，主其人十四歲前父母有損。

▲耳之天輪過尖者，主其人終生難有安定之家，同時一生辛勞。

▲耳無廓又無輪者，主其人無子嗣。

▲耳廓露出耳輪之外者，主其人雖未出繼，亦主與家庭少緣，與父母少緣，甚或離祖別鄉。

▲耳反輪又無根靈骨者，主其人刑剋父母。但有耳垂耳珠者減半論。

▲耳之兩耳均無廓者，男性主懦弱無能，無妻緣或遲婚，如左耳有廓右耳無廓者，主其人剋母，反之剋父。

▲耳貼腦輪廓又無缺陷者，主其人家族繁衍，骨肉情深，家運亦佳。

▲耳形好，耳肉厚實，耳色瑩白，再加額相亦好者，主其人出身官宦富裕之家，青年得志一生忠信。同時其子輩及孫輩均優秀。

▲耳色白過於面，再加鼻之氣色亦黃潤者，主其人家有賢慧旺夫之妻。

▲耳門有青筋者，主其人妻有病，或房事不協調。

▲耳小口大者，不論男女，主生女多生男少。（另配觀眉、眼、鼻、人中、喉結等位）

▲耳小又薄又無垂珠者，主其人子緣薄，耳黑者更驗。耳薄但長大有垂珠者，仍主有子。

▲耳肉薄又前傾者，謂之「扇風耳」，主其人破祖離鄉，親情薄，不得祖產，有亦賣

盡敗光方休（蹙眉者更驗）。如耳薄後傾者，主其人處事無能，並多生女。

▲耳相一好一壞，如額相好山根高隆者，主其人幼運家境富裕，但刑剋父母（左父右母）。如額相不好再山根低陷者，主其人家境不佳又刑剋父母。

▲耳之左耳比右耳豐腴者，主其人同性緣良好。如右耳比左耳豐腴者，主其人異性緣良好。

▲耳一大一小者，主其人受到兩位母親撫養長大，或出生時難產。又主有二婚之相。

▲耳形劣生的位置又低，主其人才智低下，刑剋父母（左耳爲父，右耳爲母），不享祖業，貧賤無能之輩。

▲耳輪上半部尖削者，主其人刑剋父母，並常常遷居。耳輪上半部垂縮者爲「耳無氣」，主其人父母老年困迍。

▲耳輪與耳廓間之溝，名爲「親溝」，愈深者，幼少年所享親情愈濃厚，親溝不深或不成形者，主親情不足。

▲耳垂上方之空隙，名爲「耳溝」或謂「親穴門」，凡耳溝太過寬濶者，主其人幼少年時期，個性不羈，不聽管教。耳溝外翻者，主其人幼少時期雖頑皮，但頗早熟

懂事，一生能者多勞。如耳溝窄小者，主其人幼少年時期乖巧頗受寵愛。日本相書謂耳溝象徵男女生殖器之大小深淺，筆者因反對「相書黃色化」故不認同此種說法。

▲耳垂有深紋而將耳垂劃分為兩半者，乃屬「有垂有珠」之相，甚為難得，主其人祖上積德，自身則逢凶化吉，亦主其人為人熱誠而有孝心。若紋淺或有網狀紋者，主幼運不佳一生困苦，並主心臟機能不佳。

▲耳無垂珠者，主其人一生人緣欠佳，在人生旅途中，很容易遭遇憂煩之事，晚年難免孤寂。

▲耳垂反後，或耳垂背面空凹者，男主子女男少女多，女主夫緣薄，有離剋之相。

▲耳孔內（即耳門）生有黑亮如漆之痣者，主其人生貴子，並守信重諾，但黑子減半論。（註：貴子在現今社會言，應男孩女孩同論。凡身體健康、智慧優秀、個性優良之男女兒童，均以貴子論。）

▲耳旁之「命門」低陷者，主其人婚姻欠美滿，子女緣薄。

▲耳旁之「命門」與耳之間隔愈寬愈佳，主其人量大智大，「命門」窄者，主其人性

愚而短壽。

▲耳邊之「命門」無鬢毛者，主其人冷漠陰毒，自私自利，夫妻感情空疏，並受妻累。鬢毛長至耳垂者，主其人感情用事，中年敗業並好淫，但眉濃鬚亦濃爲「三濃」格者不忌，主其人發達頗早，惟仍忌髮濃，最宜禿髮。鬢毛長至耳朵之一半者，主個性優良，再加眉淸、鬚淸爲「三輕」格，主其人一生好運。鬢濃無鬚者，多爲娼優隸卒之流，或勞苦之輩。若顴高無鬢毛者，主其人一生難得社會及朋友之助力。若髮粗鬢濃者，主一生勞苦，夫妻感情不睦，並受妻累。若眉疏無鬢毛者，主老年孤貧。鬢毛亂生至面頰者爲「野狐鬢」，主其人個性狡猾多猜疑心。

▲「相不獨論」當論及耳之各種休咎時，尚須參照其他各部位綜合論斷之。

●耳相看健康智慧及個性品德

▲耳爲腎臟的門竅，假如腎臟健康不良，耳的膚色會慢慢變爲青黑、寒白、枯乾、焦黑，聽覺亦會受到影響，大體言青黑寒白爲腎病，枯乾焦黑爲腎水枯竭，二年內死亡，老年人耳色既枯暗又黑滯者一月內死亡。耳輪萎縮爲腎氣不足。凡耳有

不好的氣色均是健康不良之表徵，同時亦影響其人之運氣不佳，甚至大窮大敗。
若耳色紅赤色者，則主有高血壓之徵。

▲耳大腎大，耳小腎小，耳正腎正，耳堅腎堅，耳薄腎脆，耳低腎下。耳大而薄，主其人易患腰酸背疼之疾，耳低者易患坐骨神經之疾，耳薄之人主排尿功能差，耳形厚實端正者腎功能佳。

▲耳門（即耳孔）寬大者，主其人聰明好學。耳門窄小難容一指者，主其人智能有障礙，愚昧短壽之相。

▲耳門大者，主其人有多方面之才華，智慧高，能舉一反三，理解力特別強，記憶力也強。

▲耳厚實而長者，主其人長壽，如耳內再生出長毫者，主壽高八十歲以上，再有頸條並神清者主壽高九十歲以上。

▲耳後靈陽骨（即根靈骨）過於高大者，主其人可享高壽，但壽而勞碌，並主孤寂。

▲耳傾前不貼腦者，主其人性聰明，記憶力強，喜歡表現，但投機取巧，多言語多是非。

▲耳後提（即提耳）者，主其人很會保護自己，並有榮譽心，學習心及領悟力也強。

▲耳長大而口細小者，謂之「水剋火」，主其人壽年難過四十九歲。

▲耳形過大，耳形又劣，又無垂珠者，主其人個性倔強，主觀意識強，剛愎自用，難得人和。

▲耳形短小者，主其人信心不足，意志不堅，並主膽小。耳肉再薄者主促壽。

▲耳形過小，不論其形狀之優劣，均主其人兒時尿床時間頗長（即墊尿布時間），甚至有超過五、六歲仍尿床者。耳輪不明顯，耳肉又薄者，亦主尿床時間頗長或有疝氣。

▲耳形過小而面形過大者，主其人個性奸猾，爲人欠忠實，再鼻歪眼斜者，乃不忠不義不孝不賢之徒。

▲耳前後生有青筋者，主其人有橫禍之徵。

▲耳輪尖小又無垂珠者，主其人性情怪異殘忍，氣量小，個性頑劣，自私自利，孤苦貧窮到老。如其他五官再配合不當者，必罹法網而亡。

▲耳輪外翻又上尖，耳生的位置又低，耳再前傾不貼腦者，主其人品德低劣又短壽。

如六曜緊蹙眉眼又帶殺者，主其人屬盜賊之徒。

▲耳輪豐圓肉厚耳廓又不露者，不論男女，主其人人際關係佳，交際手腕靈活，有組織統合能力。反之，耳輪有缺損耳廓又露者，主其人個性不良，固執倔強，人際關係不佳，難作領導人物。

▲耳後見腮（即腮骨凸露於耳後之謂），再加天輪高聳者，主其人不仁不義，恩將仇報。如再眼帶殺者，主個性凶暴中年橫死。

▲耳上半部之寬厚度超過下半部者，主其人處事思慮欠周詳，但行動快速，責任心強。如下半部之寬厚度勝過上半部者，主其人處事思慮縝密周詳後再付諸行動。耳之中部寬厚者，主其人很有創造力，同時勇敢又講究實際效果。

▲耳廓凸出者，主其人個性外向，倔強好勝，但聰明積極，自立心強。

▲耳之風當過小或不起者，主其人幼少年健康欠佳，難享高壽。

▲耳輪廓分明，尤以天輪無缺又不外翻，再眉毛出毫，年壽豐隆，人中分明，地閣寬厚者，主其人壽高八十歲以上。

▲耳無輪無廓謂之「豬耳」，主其人難善終，短壽之相。

▲耳大眼小者，謂之「金傷木」，主其人愚昧無知天資愚拙。

▲耳旁之鬢毛超過耳之長度二分之一者，謂之鬢毛過長，愈長愈主勞碌，但爲人俠義，喜打抱不平，惟頗爲好色。

▲耳垂厚大又朝口者，主其人個性熱誠爽朗，外向而好動，多福多壽亦多智慧，耳垂薄小又向後者，主其人個性冷漠內向而被動，多憂疑愁思，心性欠開朗，親和力不足，晚年福壽堪虞。

▲耳垂緊貼臉部者，主其人多機智有小聰明，無耳垂者，主其人爲人慳吝拘謹，很會保護自己。

▲耳垂有痣者，主其人聰明奇巧，有多方面才華，並孝順父母，但應防水厄。

▲耳垂發達之人，其耳後根靈骨（即靈陽骨）及後頸柱陽骨亦必發達，象徵其小腦及腎機能功能良好，主其人樂觀進取，頭腦清晰，精神愉快，健康長壽。反之耳垂細小之人，內分泌系統欠發達，主其人多愁思煩惱，難得健康長壽。

▲耳旁之「命門」出現直紋者，主其人腎機能及元氣漸趨衰退，同時聽覺亦有障礙之徵，處事時有心有餘而力不足之感。

▲耳旁之「命門」有痣者，主其人一生中必有一次火厄，做事時有始無終，有頭無尾，欠一貫性及恆心毅力，黑斑減半論。

▲耳背面生痣者，主其人主觀意識強，往往忠言逆耳，兒時不聽管教，並主客死他鄉。

▲耳門內生有黑亮如漆之痣者主其人長壽，黑亮之痣生在耳輪上者主其人聰明並重感情有信諾，黑色斑點減半論，不論痣斑均主其人幼年時生過重病。

▲「相不獨論」當論及耳之各種休咎時，尚須參照其他部位綜合論斷之。

●女性耳相之獨特相理休咎

▲女性耳大肉厚貼腦，有輪有廓，生的位置高過於眉，垂珠又長過鼻準者，主其人不爲后妃或一品夫人，亦必享大富大壽。但長有驢耳者不能同論。

▲女性耳垂朝腦後者，主其人婚姻不美滿，即使不離婚，亦難享夫福，無婚姻樂趣可言。同時主其人小腦發育畸型，內分泌不足，個性上亦有孤獨心態。

▲女性耳旁之鬢毛不宜超過耳長二分之一，鬢毛愈長愈主其人好淫並尅夫，髮多骨

重者尤驗（女性以骨輕髮輕爲吉相）。

▲女性耳小面大者，主其人刑尅丈夫勞碌貧賤。

▲女性之耳堅實圓小，厚硬垂珠（棋子耳）者，主其人生性賢慧，必生貴子，夫妻感情彌堅。

▲女性生有「水耳」者，除火形人外均主吉，主其人節儉守財，旺夫興家，又心性溫良，夫妻感情彌堅。

▲女性生有「土耳」者，除木形人外均主吉，主其人心性慈善，勤儉持家，不慕虛榮，富貴長壽。

▲女性生有「火耳」者，五形爲木形人者最宜，其他各形人均主不吉。

▲女性生有「木耳」者，主其人氣血不旺，有婦女病，難享高壽。又主個性不良，刑尅六親，難得公婆丈夫寵愛。

▲女性生有「金耳」者，主其人聰明幹練，心性剛柔兼而有之，可助夫創業致富。

▲女性耳大無收，輪廓不明，風當又不起者（即豬耳），主其人心性愚朦不聰敏，個性亦暴躁，刑尅六親，子女不優秀，婚姻不美滿，自身亦多凶險。

▲女性耳薄，再加鼻高、胸凸、嘴翹、汗臭者，主其人乃半生奴婢之相，難嫁富貴之夫，又主尅夫。

▲女性左耳厚者，主其人先生男，右耳厚者先生女。

▲女性右耳輪反珠反者，謂之「金尅木」，主其人刑尅丈夫。若左耳輪反珠反者，則主夫妻不睦，婚姻不美滿。左右兩耳全反者，亦主刑尅丈夫子女。

▲女性耳輪若無者，主其人尅子刑夫，乃帶殺之相。

▲女性耳廓露出者，主其人刑尅父母，或與父母早別，難享親情。又個性內急偏執，嫉妒心重，婚姻難得美滿，有離尅之相，但耳貼腦者減半論。

▲女性耳無廓（**鹿耳除外**）者，主其人尅夫或嫁爲妾。

▲女性耳有垂珠者，主其人性格明朗，感受良好，易爲男性所愛。

▲女性耳色過紅而面色過白者，主其人好淫。如再鬢濃髮厚者，主其人淫賤至極。

附註：女性耳相除上述之獨特相理及休咎外，其他一般性耳相之相理及其休咎與男性同論，但有關男性耳相獨特之相理及其休咎例外，因男性屬陽，女性屬陰，故在休咎解釋上有所不同，讀者不可不察。

耳各部名稱圖

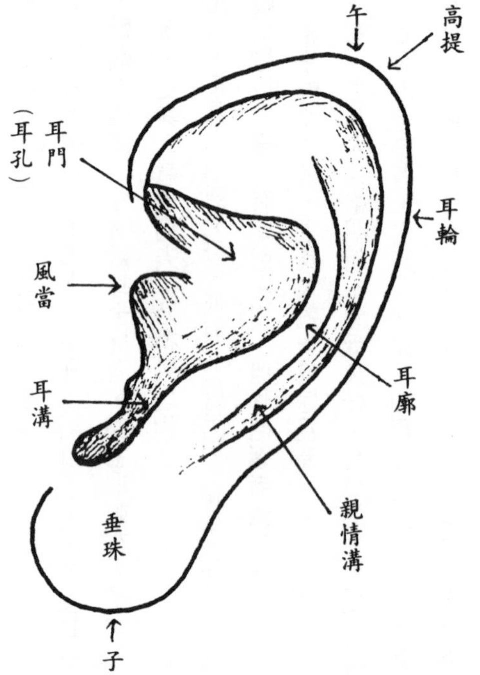

（本章所繪之耳圖，以神相全編所記載者爲準，讀者作印證時，千萬不可拘泥，只印證其特徵即可。）

各式耳相圖(一)

垂肩耳

「垂肩耳」的特徵爲耳高於眉，耳厚廓硬，耳形長大端正，垂珠到達口角，耳色鮮潤不滯，耳孔寬大生毫。主其人必是相貌堂堂，如配頭圓額隆鳳眼龍鼻之人，必主大貴甚或國之元首，同時壽年近百，福壽雙全。一般之人長有垂肩耳者，亦主一生衣祿豐盛，得來自然，同時高壽。

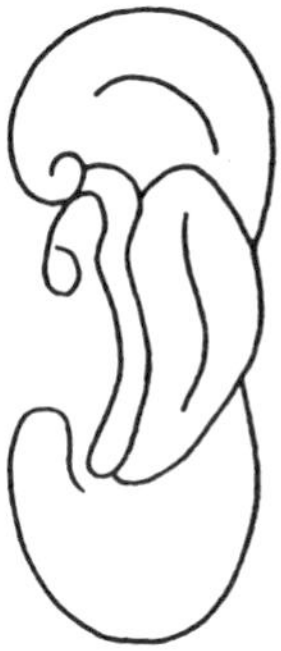

貼腦耳

「貼腦耳」的特徵爲耳緊貼腦不放，耳生退後有如抱頭，輪收廓露，位高於眉，色白於面，孔大有毫，男女均宜。主其人賢良忠信，配眉清目秀之人有中上富貴，如五官再好，六親有助，如眉低眼昏，雖富亦勞。

各式耳相圖㈡

棋子耳

「棋子耳」之特徵爲耳形圓小，輪廓分明，位高於眉，抱頭貼耳，耳門寬大，垂珠朝口，色白過面。主其人個性聰慧白手起家，中年有發可得妻助，配金形水形人可貴可富又生貴子，配木形人宜科技界發展。

金耳

「金耳」的特徵爲耳高於眉，色白過面，天輪雖小但有垂珠，輪廓分明厚而端直。主其人聰明幹練，文武才能。配金形人必享富貴，聲譽遠揚，多福多壽。配水形土形人亦吉，配木形老剋妻子，事業有波折。

各式耳相圖㈢

木耳

「木耳」的特徵爲輪飛廓反，天輪大地輪小，耳薄無珠，孔大無毫，子午不直。配木形人幼運必佳。配水形火形人中年有發。配金形土形人早年刑傷六親。木耳忌額尖頂尖鼻短神滯，主其人個性怪異，刑剋勞碌奔波孤獨。

水耳

「水耳」的特徵爲耳圓而厚，貼腦抱頭，高過於眉，垂珠圓大朝口，內廓微現，耳孔較小。白潤或紅潤又肉堅者爲眞水耳，主其人學問出衆，圓通多智，機謀莫測，能屈能伸，配水形人或金形人可名馳海外，配火形或土形人難有開創，水耳軟長又色不鮮者，一生虛名而已。

各式耳相圖(四)

火耳

「火耳」的特徵爲耳長大堅硬不厚，耳高於眉，天輪上尖，耳廓外露反出，垂珠低小後反。如配火形人木形人發達頗早，可至中貴小富。如配金形人水形人不貧則夭。火耳之人，心性古怪，孤寂不群，爲人刁滑，性躁少情，六親刑剋少助。

土耳

「土耳」的特徵爲堅厚肥大，耳色紅潤，垂珠朝口。主其人秉性耿厚，處事執著，如配土形人福壽雙全，子孫滿堂，富貴綿綿 如配金形人火形人仍主有小成。如配木形人則主奔波勞碌，一生事業多成多敗。

各式耳相圖(五)

開花耳

「開花耳」的特徵爲耳輪損缺故名開花，左耳開花爲金剋木尤爲不佳，耳廓似有似無而不明，耳雖堅硬但肉薄色滯，垂珠細小或無垂珠。主其人幼運坎坷六親有剋，縱有資財亦必破盡，末年貧苦尤甚。

扇風耳

「扇風耳」的特徵爲兩耳向前有如兜風，耳薄如紙又無垂珠，有耳輪但耳廓若無，耳孔細小肉色不鮮。主其人父母遺傳不良，不得祖產，有亦賣光，男主貧賤刑剋六親，女主剋夫又刑子女。

各式耳相圖㈥

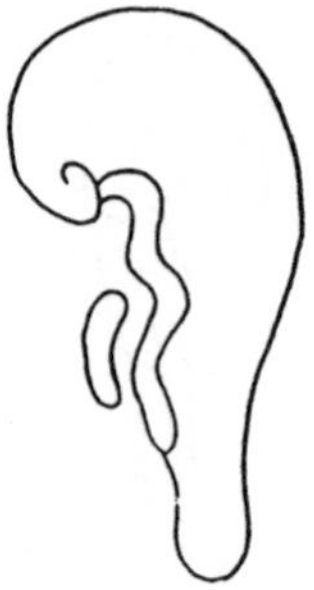

傾前耳

傾前耳又名「低反耳」，其特徵爲天輪大而向前傾倒，地輪無珠反後，輪廓不明，耳色不鮮，一生災疾風險頗多，事業少成，如耳薄如紙，又主促壽。

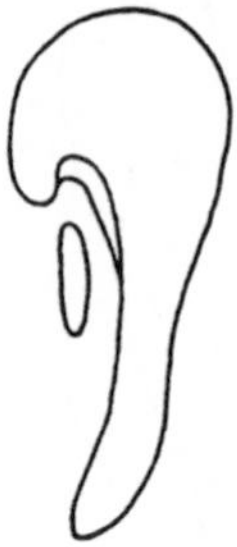

箭羽耳

「箭羽耳」的特徵爲耳形有如箭羽之狀，又名胎箭耳，輪飛廓反下無垂珠，位高於眉色滯不鮮，耳孔細小耳肉堅硬。主其人幼年多病，刑剋六親，祖業雖豐，但全數破敗，離鄉奔走難有收穫，若面部豐滿中年小發，但仍主不壽。

各式耳相圖(七)

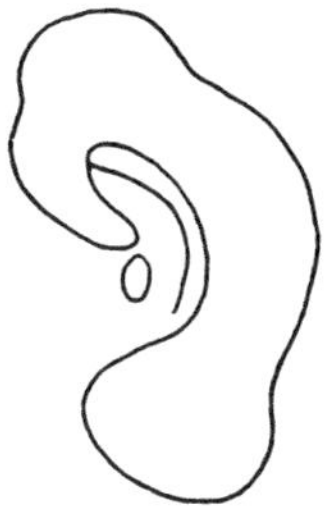

虎耳

「虎耳」的特徵爲耳雖小，抱頭貼腦，輪廓缺破，但厚而堅實，耳孔細小，耳色紅潤。主其人個性奸貪威嚴莫犯，富冒險精神，亦多蹈凶履危。配高大肥胖之人，主事業難成又夭壽。配五短五小之人主事業有成。

驢耳

「驢耳」的特徵爲耳形長大貼腦而厚，但柔軟如綿肉色不鮮，輪廓微明珠不朝口，風當不起孔大無毫。主其人出身貧苦，如配木水形人，眼又有神者，中年可小發，如配火形人主孤而無子，男性有驢耳者主貪淫但有壽。

各式耳相圖(八)

豬耳

「豬耳」的特徵爲耳雖大但肉軟不堅，耳孔雖大但耳色滯而不鮮，輪廓不明似有似無。主其人生性愚昧庸俗，性貪婪又懶散，即使偶有所得，亦爲過眼煙雲，如配肥胖之人主刑剋重，自身凶險夭壽。如配瘦小之人情況則略佳。

鼠耳

「鼠耳」的特徵爲耳形尖薄短小，有廓無輪，子午不直，下無垂珠。主其人做事多疑，多爲偷盜之徒，而習性難改，易犯官非。有牢獄之災，雖能稍有積蓄，但仍屬於卑鄙頑劣的小人物，晚景多凶。

《二》

眉

●眉之部位特性

神相水鏡集云「藏精於骨，現精於眉」，精者「精華」也，或謂之「精神」，先賢在千百年前，即知曉吾人一身之「精華」乃藏在吾人骨髓之中。一般來說，男性眉毛濃眉稜骨又起的人，骨髓內的精華亦多（女性重血不重精），眉毛黑亮眉稜骨形狀良好，骨髓內的精華亦必優良。古人謂眉之「有彩」，即爲骨髓精華之具體表徵，例如眉毛長者起伏如乘風飄秀，眉毛短者毫光如遠山鬱秀，眉毛濃者細發如貂毫閃光，眉毛淡者色華如羊毛潤澤，均是「有彩」之眉。現代人喻眉爲一面之豐采，最能表徵吾人精神威儀之所在，與古人所說可謂同一道理。

西諺云「眉毛看個性，鼻子看健康」。世界上的人多達五十多億，爲何每個人的個性不同？實因爲眉毛長得不一樣所致。爲何每個人的眉毛長得不一樣？實因爲每個人的骨髓和肝肺的遺傳發育組織結構不一樣所致。（註：眉之前端與肺相聯屬，眉之後端與肝相聯屬，眉稜骨則與骨髓相聯屬。）同樣道理，家庭中的兄弟姐妹個性不一樣，也是由於眉毛長得不一樣所致，如有兩兄弟（例如雙胞胎）的眉毛長得一樣，其個性愛好就不會差異太多。又眉毛爲人類所獨有，動物則無，故眉毛愈美好者，個性與資質愈優良，眉毛欠美好者，則人性中雜有獸性也。

眉毛的行運流年從三十一歲至三十四歲，亦爲吾人眞正走上「奮鬥人生」的開始。張群先生雖說：「人生七十才開始」，此話當作老年人自勉的話，用以形容其「老當益壯」的精神，或是進一步解釋古諺「活到老，學到老」之句的確意義深遠。但在人相學言，作者認爲「人生三十一歲才開始」最爲恰當。因爲人在三十歲以前，家境富裕者，必深受父母寵愛，百般呵護，不知五穀之所出，不知窮苦是何指，直到二十三、四歲，或二十七、八歲進入社會後，始悟及世界之偉大，世事之多變，世人之多險，應付此「偉大」「多變」「多險」的事物，已非僅憑父母寵愛及金錢所能濟，而必須自行面對事實，接受考驗，在三十歲以前，領略了做人做事的道理，立下了繼承祖業的宏願，故在三十一歲之時，是他人生開始之年。或雖有祖蔭，但生爲紈袴子弟，三十歲前，將祖業敗光，其人果能立志重振家聲，亦必在三十一歲之年開始。又或家境貧寒，幼年失怙，十五、六歲進入社會，備嚐艱辛苦難，因能奮鬥不懈，貧賤不移，三十歲前已能洞察世情，並略有積蓄，三十一歲矢志創業，是以其光明的人生從此開始。

又或家貧如洗，幼小流浪在外，淪爲竊盜者有之，與流氓莠民爲伍者有之，終日醉生夢死吸毒者有之，女子則淪爲娼妓者有之，婚姻失敗或被棄墮落者有之，三十歲前備嚐人間辛酸，或做盡人間壞事，三十一歲開始，突然浪子回頭，痛改前非，一切從頭做起，重新創造快樂幸福的人生。又或出身普通家庭，接受普通教育，從事普通工作，三十歲前按部就班，沒有突出的表現，沒有陞遷的機會，沒有創業的資金，三十一歲開始，時來運轉，遇到有力貴人援引，或陞官，或創業，或在婚姻方面人財兩得。又或在三十歲前事業順利，三十一歲開始，每下愈況，一敗塗地，家破人亡，至老未能東山再起。以上六種類型，均乃作者觀相多年來，所實際接觸到的眞人眞事，故余認爲「人生三十一歲才開始」實有其來自也。爲何有此不同之類型，不同之境遇，有人大走鴻運，有人災禍連年，有人一籌莫展，有人妻離子散，有人由好變壞，有人由壞變好呢?此乃因各人「眉」之相理不同，因此三十一歲至三十四歲各人之命運也就迥異了。

眉尾又爲「妻子財帛之宮」，與吾人之肝及小腦相連屬，肝好之人，眉尾必聚，必彎下，必過目，是以個性優良，個性優良則事業有成，事業有成財富則聚。同樣道理，小腦發達之人，內分泌必正常，內分泌正常，則夫妻生活美滿，夫妻生活美滿，則子女多而優秀。眉又為「保壽官」，因眉稜骨與骨髓相聯屬，骨髓中「精華」多的人，眉毛必濃秀，眉毛必隨骨而起，是以眉毛濃秀眉毛隨骨而起象徵健康長壽，故「問壽在眉」。「眉」，一般人只知其對兄弟姐妹交友有影響，其實眉對一個人命運之影響既多且大。所謂「揚眉吐氣」，關鍵在「眉」。先賢云：「少年一輪眉，老年一林鬚」，人之命運自七歲（九執流年法）開始，就與「眉」之相理關係密切，一直到九十七歲，每一重要部位之流年，均要參合「眉」之相理論斷。茲就眉的各種相理休咎分述如下：

●眉相看事業成敗及攻守時機

▲眉有八項要件：一要「退印」（即眉頭相距兩指以上寬度）。二要「居額」（即眉毛要長在眉稜骨上）。三要「毛順」（即鋪陳有緻濃中細發）。四要「過目」（即眉尾要長過眼尾）。五要「尾聚」（即眉尾不可散亂）。六要「有彩」（即眉毛有亮光眉肉有翠潤或白潤之色）。七要「有揚」（即自眉頭至眉身三分之二處略略向上再緩緩下彎）。八要「根根見肉」（即眉毛雖濃但不可濃如潑墨）。如符合八項要件，即

相學上所謂之「龍眉」，面相其他各部位再配合得當者，主其人大有成就，誠大富大貴之相格也。

▲眉形美好，（即眉毛符合八項相理標準），再加印滿、眼秀、鼻隆、口闊者、主其人青年發達「揚眉吐氣」終身。

▲眉形美好，眉毛光亮有彩，眉內之肉白潤或翠色，再加耳色紅潤，眼睛神光充足，主其人好運來臨，不論求官求職，競選創業均可成功，即使眉形不好，亦主求職就業順利，或小本經營得利。

▲眉長者（即眉尾比眼尾略長）富貴，眉短者（即眉尾不能蓋住眼尾）貧寒，眉短而印堂眼睛相理佳者減半論。

▲眉有彩者（即眉毛覆蓋層次分明，眉毛有多層光亮或眉肉內有白潤翠潤之色之謂）富貴。

▲眉疏而不密，清秀有緻者，主其人一生衣食豐足富裕。

▲眉濃居額，再加山根豐隆兩眼長大者，主其人一生順運，財祿有餘，金形水形或木形兼水者，更是相得益彰。

▲眉輕眉尾又上揚入鬢者，謂之「臥蠶眉」，主其人如生逢亂世，再配丹鳳眼者，可成就大事業，但眼濁神弱者，雖發達而不善終。

▲眉長入鬢者，乃大貴之相，但眉毛上豎，則主其人殘忍成性，雖有智勇，易損陰德，一生中必有一度大險。

▲眉一字形者，主其人宜在軍警界發展或文領武職。如前平尾彎則先武後文，如前彎尾平，則先文後武。

▲眉尾如劍者，謂之「劍眉」，主其人個性急躁、英明勇猛，最宜從事職業軍人，必有成就。

▲眉形雖好，但山根低陷，鼻柱不豐隆，鼻準不隆挺者，主其人二十五歲至三十四歲之眉運難發運不聚財，並多災疾。（註：眉相與鼻相要互爲「吊用」，眉相好鼻相不好，主眉運不發。）

▲眉「黃薄」者爲六害眉之一，主其人終身不發，一生貧困，又多奸計，如眼相再不佳者，主孤苦凶死。

▲眉「散亂」者（大多爲眉尾散亂）爲六害眉之一，主其人一生難聚錢財，或多敗

少成，如眼相再不佳者，主刑尅貧苦。

▲眉「逆生」者爲六害眉之一，主其人大刑六親，個性暴躁，常犯官非，自以爲是，一生多成多敗。如眼相再不佳者，一生勞碌貧苦。如眉稜骨再高露者，主其人個性粗暴，不忠不孝，不仁不義，終必招凶險而亡。

▲眉「交加」者（即眉身兩層重疊）爲六害眉之一，主其人大刑六親，破祖離鄉，多招小人，常犯官非，如眼相再不佳者，主其人一生勞碌貧苦。

▲眉「鎖印」者爲六害眉之一，主其人大刑六親，妻遲子晚，多學少成，一生無官祿，如業商則有破敗，尤以二十八歲至三十二歲及三十六歲至四十三歲運程最爲不順。如眼相再不佳者主促壽。

▲眉「壓眼」者爲六害眉之一，主其人二十六歲至四十六歲，運程蹇滯難有收穫，如印堂山根再陷破者，主其人破祖離家，一生勞碌貧苦，並防災凶。

▲眉「倒生」又毛粗毛長者，主其人一生貧賤招凶，晚年必陷於窮困孤苦之境地。

▲眉形不好，莫問功名，先賢云「發科一雙眼，及第兩道眉」，眉頭之毛順生，眉毛平立，眉形再秀者，主其人讀書考運均順利。

▲眉毛似覆蓋一層黑色油垢者，主其人陷於窮途末路，或處於「吃軟飯」之境地。

▲眉形有揚有勢，但眉尾散而不聚者，主其人行眉運時（含九執流年法眉毛當令之年），事業上收穫平平，如面相其他部位再配合不當者，必見損財或破敗。

▲眉頭尖小而眉尾寬大者，主其人初運欠佳，但晚景榮華，愈老愈佳，同時主其人必有某方面專業知識，如面相其他各部位再配合得當者，必有相當成就而享盛名。

▲眉頭之毛濃密，但眉尾之毛稀疏若無者，主其人三十三歲後，至遲三十九歲後事業運轉差。如面相其他部位再配合不當者，主其人晚景淒涼，孤獨貧賤以終。但五十後眉尾生出長毫者可減半論。

▲眉之前半截，如長出單獨一根豎生之長眉毛者，謂之「眉毛帶箭」，主自生長箭毛之日起運程不順，或刑尅家人，應立即將箭毛拔去。

▲眉毛濃而不濁，鬢毛、鬍鬚亦濃，眉毛與鬍鬚上下相照應者，謂之「三濃」，主一生福壽，但必須禿髮者才相得益彰。

▲眉粗濃又濁，密而凝滯者，主其人易陷於窮困潦倒之境界。如再頭髮亦濃厚者，主其人終身運蹇，名行亦差，遭人嫌惡。

▲眉毛粗濃而倒下，再加面方者（金臉），主其人縱有學問才華，亦屬寒儒或虎落平陽之輩，終身難有發展。

▲眉毛粗濃又濁，如再眉壓眼，眼神又昏濁者，主其人十九歲至三十九歲之間定有牢獄之災。

▲眉毛豎生，再加眼內紅筋纏繞者，主其人十九歲至三十九歲之間定見官訟牢獄。

▲眉毛黃薄，再加眼暗無神者，主其人有牢獄之災，並有死於牢獄內之可能。

▲眉梢開叉者，主其人正處楣運。

▲眉濁而不清，再加眼不秀者，主其人三十一歲後運程漸趨逆境。

▲眉毛稀疏再加鬢毛亦禿者（鬢毛未過耳謂之鬢禿），主其人晚年孤獨貧寒。

▲眉毛無故變爲襍亂不聚者，主其人應在事業上保守前進，防損財挫敗，並謹言愼行，避免口舌是非和意外災難之發生。如僅眉頭之毛變亂者，則主其人心情欠寧靜。（註：眉彩無故消失同論）

▲眉毛無故掉落者，主其人吉運轉爲楣運，即使沒有經營事業亦屬不吉，應注意自身及六親之保健，防損財。（眉毫掉落者同論）

▲眉不過目或眉頭交促者，主其人不宜從事「正路」行業，無論服官業商均主勞多獲少，小人為害。

▲眉不過目或眉頭交促者，主其人最宜從事服官業商以外之「異路」行業。或就固定領薪工作，可保生活無虞。

▲眉頭有細毛豎生者，主其人有醫藥方面之天份，最宜學醫，如手有天醫紋者更驗。（天醫紋請參閱蕭湘相法下冊手相篇）

▲眉粗又眉毛垂縮者謂之「眉寒」，縱有學問終屬寒儒，主其人難成大器。

▲眉上有亂紋者，主其人一生事業上勞多獲少，難成大器。

▲眉中生有漆黑之痣者，先賢謂之「草裡藏珠」，象徵聰明有才藝，如面相其他部位再配合得當者，主其人有或多或少之成就，但在事業上仍主有一次大波折，並應防手部受傷。

▲眉上端有痣者，主其人行眉運時（含九執流年法行眉運之年）運程蹇滯，事業上應保守前進，貪多急進者必見破敗。有斑點者減半論。

▲眉頭有肉瘤惡痣或凹陷者，主其人中年有官訟纏身或事業失敗。

▲「相不獨論」，當論及眉毛之相理休咎時，尚須參合其他部位綜合論斷之。

●眉相看家族關係及婚姻子女

▲眉毛形狀之優劣與父母之遺傳關係至爲密切，如父母生理心理年齡相當，父母個性品性優良，父母恩愛婚姻美滿，父母曾受良好教育（**含家庭教育、學校教育、社會教育**），其所生之子女眉形必佳，同時聰明而又個性優良，思想高雅而又感情理智平衡。反之，父母所生之子女眉形必劣，或帶「六害眉」，其驗不爽。

▲眉有彩，再加眼有眞光者，主其人父子兄弟均貴，三代顯赫。（**註：眼有眞光，請參閱拙著《氣色大全》第七章。**）

▲眉清有揚，額正而圓，雙顴有勢，地閣有朝，主其人四十五歲前父母不傷。如顴骨失陷，額偏不正，無鬚或鬚無情者，主父母有傷。

▲眉清眼秀，眉尾彎下，印堂寬平，山根又豐隆者，主其人夫妻恩愛，婚姻美滿，同時子女亦聰明優秀。

▲眉毛濃濁鎖印，謂之「重羅疊計」，再加眼大者，主其人出繼假養爲佳，否則，主

其人夭折或刑尅父母兄弟。（註：出繼乃是送與他人作養子女，先賢當初著重之意義，乃在使出繼者變換生活環境以利養育，以及因出繼阻隔與父母兄弟相互間之電質素干擾及化學交換，對自身及父母兄弟姐妹彼此間均有利。）

▲眉毛若無，再加雙眼深陷者，主其人無子嗣。

▲眉毛粗而濁，又短不蓋目者，主其人性情剛愎自用，兄弟不多，六親少助。

▲眉毛粗而濁，再加山根低陷者，主其人破祖離鄉，同時三十四歲前多災厄。

▲眉毛豎生，再加太陽穴陷者，主其人刑尅六親，自身常有災難，終身運蹇。

▲眉毛垂下，再加耳亦低過於眼者，主其人偏生庶出。

▲眉毛濃密，但覆蓋有緻者，不論男女，主其人家庭觀念濃厚，能善盡家庭責任。

（註：後枕高隆，地閣豐厚亦主有家庭責任觀念）

▲眉毛倒生或豎生逆生者，左妨子，右妨妻，亦主其人青中年時期家運不好，夫妻不和，女性尤甚。

▲眉前半截上豎，後半截垂下，或左邊眉毛上豎，右邊眉毛垂下者，主其人父不善終母再嫁，反之，則母死父再娶。

▲眉頭沖向山根者，主其人刑剋父母。（註：父母運程蹇滯，亦謂之刑剋父母。）

▲眉頭有少許之毛逆生者，主其人不爲父母送終。

▲眉頭有亂毛叢生者，主其人一生勞碌，背井離鄉，難有大成。

▲眉頭有紋沖破者，左眉頭主其人與兄弟不睦，右眉頭主與姐妹不睦。（男左女右）

▲眉頭高過眉尾者，主其人兄弟之成就不如自己。

▲左眉低陷者，主其人剋父，右眉低陷者，主其人剋母。

▲眉稜骨高，羅漢眉，八字眉，眉疏鬢疏，面大無眉，鼻高無眉，顴高無眉，鬢厚無眉，鬚濃無眉，或眉頭常蹙，均主其人無子嗣，雖高壽亦多爲孤相。

▲眉濃，但眉毛垂下，眉之下半截亦斜下者，謂之「羅漢眉」，主其人不爲僧道，亦必刑剋六親，妻遲晚年得一子而已。

▲眉濁壓眼者，主其人初年妨剋父母，中年妨剋妻子。

▲眉形美好，但眼神混濁眼又帶剎者，主其人犯刑章而害妻兒。

▲眉上之福堂部位，或眉尾之天倉部位有灰黑之痣者，主其人早婚不利，或早婚少緣，或無緣繼承父產，三者定有其一。

▲眉尾爲妻子財帛之宮，眉雖過目但眉尾不秀不聚者，主其人雖有妻緣子緣但欠情緣，雖有財緣但欠聚大財之緣。

▲眉尾斜上天倉者，主其人因婚姻失敗而破家。天倉部位有痣者同論。

▲眉尾壓住奸門者，主其人婚姻不美滿，非離即剋。

▲眉尾奸門多青筋者，主其人妻之健康情形不佳，嚴重時主刑剋。

▲眉尾奸門豐起平闊，再加魚尾紋上仰，雙顴飽滿者，主其人可得妻財之助，或娶妻賢能，助夫經營有成。

▲眉尾有斜紋者，主其人有娶妾心態，同時剋子，子嗣多凶險。

▲眉尾有雙紋直下奸門者，主其人難享齊人之福，妻妾竟日紛爭。女性則主妯娌不和。

▲眉尾眼尾及上眼胞一帶出現桃紅色氣色者，主其人異性緣動，結交異性朋友順利如願。

▲眉尾上翹，再顴露骨，又聲音嘶啞者，主其人晚年鰥寡孤獨。

▲眉尾天倉部位豐隆高起，主其人可享父祖餘業，或繼承偏受之財。

▲眉尾天倉部位有亂紋者，主其人剋妻再三。

▲眉尾散而不聚，再加鬢禿者，主其人老年孤獨。

▲眉右邊形劣，左邊形優，主其人妾奪妻權（右眉高於左眉者同論），或前妻個性優良，後妻個性不如前妻。反之，妻強悍妾溫柔，或前妻個性不如後妻。

▲眉毛中間有斷或有疵痕者，主其人脾氣躁急，難爲妻子，嚴重時有離婚之可能。同時早歲離家，六親無緣。

▲眉壓眼，再頤高顴低者，主其人妻奪夫權。

▲眉短不過目，再眉尾上翹者，主其人妻性倔強潑辣，夫妻時有爭吵，如面相其他部位再配合不當者主離異。

▲眉不過目者，主其人與子女情份薄，或無子女，一生難享子女之福，並爲子女辛苦。

▲眉毛若無者，主其人夫妻緣薄，即使結婚，亦主夫妻感情空疏。

▲眉形彎長者，主其人較眉形平促者多子女，亦多子女福。

▲眉左邊長者多子，右眉長者多女。

▲眉毛如柳條者，主其人生女多，生男少。

▲眉毛彎長，再加眼睛秀長，印堂寬平，聲音宏亮者，主其人子女七、八人。（註：以不節育之情況而言）。

▲眉少又不過目者，主其人子女稀少，但印堂相佳者，子女可多至四、五人。

▲眉雖過目，但印堂破陷者，主其人無子嗣，但有陰騭相者，仍主有子。

▲眉雖過目，但山根斷陷者，主其人多生少成。

▲眉清目秀，淚堂平滿，山根隆起，人中深明者，主其人多子而少女。

▲眉毛稀疏，再加眼珠黃者，主其人難育子嗣，喉結過露者尤驗。

▲眉毛薄，眉中又長箭者，主其人即使不刑尅子女，亦與子女少緣。

▲眉毛曲生者，主其人子女個性不良，面相其他部位再有缺陷者，則主刑尅子女。

▲眉上有直紋者吉相，但直紋長在眉頭上者，主其人刑尅兄弟姐妹。眉尾上端有橫斜之紋者，主其人刑妻尅子，男女同論。

▲眉上生有橫紋者，主其人少子緣或尅子，老年運蹇。

▲眉爲兄弟宮，父精強者，眉毛必隨眉稜骨而起，眉毛必秀長過目，故兄弟多而無

刑剋，主其人人緣好，朋友也多。左眉爲兄弟，右眉爲姐妹（男左女右）。

▲眉秀長過目，印堂豐滿寬平，山根隆起，兩顴聳秀者，主其人兄弟優秀，可得兄弟之助，兄弟之間無刑剋。

▲眉毛內有痘痕者，主其人兄弟緣薄，又少子嗣。

▲眉毛忽然缺落一撮者，主其人之兄弟姐妹，必有重大事故發生。

▲眉中有灰黑之痣者，主其人兄弟姐妹有人會遭意外凶險。又主左眉中有痣剋妻，右眉中有痣婚姻不美滿。

▲眉毛清秀彎長，印堂豐滿者，主其人可得兄弟金錢之援助，或在事業上得兄弟之提攜。

▲眉毛中如有紋沖破者，主其人刑剋兄弟姐妹，或與兄弟姐妹不合無助。

▲眉內有疤痕疵痕者，主其人與兄弟姐妹親戚朋友甚至與家庭少情少緣。

▲眉彎長過目，山根亦隆起者，主其人自身與兄弟姐妹均有成就。

▲眉短不過目者，主其人多爲獨生子，性情孤獨怪癖。然眉清眼長印寬有顴者，則主有兄弟三、四人。（註：以父母未節育者爲準，以下準此以論）

▲眉毛不一樣者，主其人有異母或異父兄弟。（或主二婚）

▲眉毛與眼齊者，主其人兄弟二人，但印堂平滿，山根隆起，眼秀而長，雙顴有起者，則主兄弟可多至五六人。

▲眉毛過目，再印堂平滿，山根隆起，眼秀而長，雙顴有起者，主其人兄弟可多至八、九人。如再眉毛濃秀者，兄弟可多至十餘人。

▲眉毛過目但顴不起者，主其人無兄弟，或兄弟一人。

▲眉毛過目又彎長者，主其人有兄弟七、八人，但眉尾不聚者則無兄弟。

▲眉毛過目者，主其人有兄弟五、六人，但眉粗濃鎖印者，則主其人無兄弟。

▲眉毛過目者，主其人有兄弟五、六人，但印堂雙顴有破陷者，主其人兄弟二、三人。眉尾再不聚者，主其人無兄弟。（註：以上眉毛論兄弟多少之若干文字，係參考史廣海先生所著《面相秘笈》之內容）

▲眉毛如掃帚者，主其人兄弟雖多，但必有刑尅，如印堂雙顴再破陷者，則主其人無兄弟。

▲眉毛間斷者，主其人刑尅兄弟，或與兄弟少情少緣。

▲眉毛鎖印堂，或有眉無山根者，主其人兄弟感情疏空。但眉尾有聚者，老來兄弟團圓。

▲眉毛稀疏若無，再加無顴者，主其人兄弟相害。有顴無眉者，則主兄弟結冤結仇。

▲眉毛不過目，雖有兄弟，但兄弟各奔前程，難有照顧。

▲眉少髮厚，額高無眉，鬚濃無眉，面大無眉，鼻高無眉，腮骨太露，橫紋破顴，皆主刑剋兄弟姐妹，六親少助少緣，孤獨之相也。

▲眉秀長過目者，主其人有兄弟，但觀看兄弟之多寡，應配觀印堂顴骨相理之優劣而增減之。山根則爲觀看兄弟優秀與否之配觀點。

▲眉相有任何瑕疵，均主其人與夫妻或兄弟或子女少緣，壽亦難永，縱有朋友，終難和睦相處，如與人合夥，則互損運氣。

▲「相不獨論」，當論及眉毛之相理休咎時，尚須參合其他部位綜合論斷之。

●眉相看健康智慧及個性品德

▲眉毛清而不濁，眉尾彎長過目，眉毛不上豎下垂，眉身不中斷，眉稜骨不高露，

再加印堂開闊者，主其人性格聰慧優良，同時高壽。

▲眉毛全部豎生者，主其人個性乖戾狠毒，雖有智勇，易損陰德，終其一生，必見大險。與人交往則重視現實講功利，部份豎生者減半論。

▲眉毛全部逆生者，主其人氣量小，驕傲躁急，好鬥嗜殺，常自以爲是，難得長上之歡心提攜，容易在朋儕同事間樹敵，終其一生，災多害大。（註：部份逆生者減半論）

▲眉毛成一字形並過目者，主其人有大志，有男子漢之氣概，氣宇不凡，處人處事，循規蹈矩，心口如一，性情擇善固執，不夠圓融，但不失積極進取，允文允武，如面相其他部位配合得當，主其人事業上可貴可富，其人之兄弟亦多。但缺乏運動、藝術、音樂興趣，或至少三者缺二。

▲眉毛成三角形者（即單弓眉），主其人個性奸詐，不孝不義，決斷力不足，一生事業少成，刑剋六親。

▲眉毛粗濃，但退印過目居額，並覆蓋有緻者，主其人個性穩重，氣量亦大，知進知退，一生事業必有大成就。

▲眉毛纖細形如柳條者（又名春心眉），主其人聰明有才華，不論男女，個性好色貪淫。男人生有此種眉者，主其人異性緣特別多，常受女人金錢幫助，但防色癆。

▲眉毛一根一根婆娑垂下者，謂之「婆娑眉」，主其人重色慾，喜偷香，如眼未帶刹者，主膽小性懦，又主懼內少子嗣。如眉毛又稀疏者，則主其人無自力更生能力，女性尤甚。

▲眉如掃帚者，謂之「掃帚眉」，主其人個性不良，事業多成多敗，如眼相再有嚴重缺陷者，必罹法網而亡。

▲眉毛中間間斷或成波浪形者，主其人愛出風頭，好勇鬥狠，主觀意識強，喜爭是非。如眼相再有缺陷者，主其人喜輕啓訴訟，最終爲了訴訟而賣盡田園。又主其人情緒不穩定，個性孤癖，與朋友好的時候，可兩肋插刀，當意見不合時，立即翻臉無情。

▲眉毛「有揚」者，主其人精力充沛，意志堅定，健康長壽。

▲眉毛輕疏短散，再加眼波成雙者，主其人性急任性。反之眉毛濃密，再加眼波成單者，主其人個性緩慢內歛。

▲眉毛稀疏色淡形劣者，主其人個性狡詐，自私自卑，性急任性，氣量狹小。

▲眉毛稀疏又斷續者，主其人計畫不周詳，處事欠條理，一生難有大成就。

▲眉毛濃濁者（即雜亂無章之謂），主其人容易自尋煩惱，多憂疑愁思而善變。

▲眉毛上下左右交錯密生，眉尾又開叉不聚，俗稱「鬼眉」者，主其人心性怪異，殘忍狠毒，常懷強暴偷盜爲非作歹之心，有犯罪傾向。

▲眉身成捲曲狀者，主其人生活孤獨，與俱有「羅漢眉」之人同樣適宜出家爲僧爲道。

▲眉毛曲生者，主其人聰明，喜研究，好學問，但亦貪色好淫。

▲眉毛平促又短不過目者，主其人吝嗇之至，爲守財奴。

▲眉毛稀薄，再眼浮露無神者，主其人中年事業破敗，壽命難過四十五歲，同時無子息。

▲眉毛上下成合抱狀者，主其人膽怯害羞。

▲眉毛稀疏，再嘴型闊大又不收者，主其人應注意水險。

▲眉毛粗，但毛色帶黃者，主其人短壽（註：壽年未過三十歲者謂之夭壽，壽年未

過五十歲者謂之短壽或促壽）。

▲眉毛左右兩邊不一樣者，主其人才高膽大，感覺敏銳，能深謀遠慮，心機很重，頗爲自私，頗爲感性。

▲眉毛掉落者，乃因疾病引至內分泌失調，或骨內之精髓電能減弱所致。應特別注意保健。

▲眉鎖印堂，眉尾又不聚者，主其人個性急躁，心胸狹窄，德難服衆，難付重託，不宜擔任主官職務。如眉尾有聚，則主其人守分不貪，認眞不苟，同時又急功好義，但仍個性急躁，叛逆性重。

▲眉形如尖刀狀，謂之「尖刀眉」，再眼帶刹者，主其人有兵亡之險。

▲眉頭過於靠近（不足一指寬）者，主其人個性急躁任性，偏執耿介，氣量狹窄，愛計較，眉鎖印堂者尤甚。因此在二十五歲至三十四歲之間，行事不順，容易遭受挫折，同時主促壽。

▲眉頭過於靠近，又蹙眉者，主其人個性消極，遇事猶豫不決，並心胸狹窄，喜鑽牛角尖，中年必敗業或工作不順。同時，其人健康亦欠佳。

▲眉頭之毛襍亂者，主其人氣量狹小偏激，不善言詞表達，心情常有鬱悶。

▲眉頭之毛粗濃上豎者，主其人個性殘暴，好勇鬥狠，殺人放火均能為之，二十五歲至三十二歲，必招凶橫死不得善終。眉壓眼、眼睛紅筋纏繞者更驗。

▲眉頭之毛粗濃眉尾之毛稀疏者，主其人個性躁急衝動，乃「妻子財帛宮」破陷。

▲眉頭之上端有小直紋者，主其人在三十歲前應注意外傷。

▲眉頭低而眉尾高者，主其人有犯上欺尊之心理傾向。

▲眉頭下彎沖山根，眉尾亦垂下而形成覆月狀者，主其人雖有才華，但遇事優柔寡斷。

▲眉頭生有黑子者，主其人個性剛強，亦象徵呼吸系統曾有病變，如有黑痣者，則主其人喜清閒風雅，喜研究道術。

▲眉頭及眼頭四者過於接近者，謂之「羅計日月交征」，主其人三十歲至四十歲之間要特別注意保健及外出車馬安全。（註：**如係出家修道之人可以免災。**）如眉頭毛逆若旋者，主其人個性暴躁，身帶宿疾，一生少收穫並促壽。

▲眉尾短不過目，眉身稀疏輕淡，眉稜骨又不起者，主其人個性急躁，氣量亦小，

往往感情用事，缺乏理性，在三十一歲至四十五歲之間，應特別注意夫妻間之容忍。一生只宜爲人作嫁，領固定薪水，不宜創業，不宜急進貪多，否則，必見是非失敗。同時其人膽識心力均有不足，爲人奸猾，容易疲勞，應多注意保健，鍛鍊體魄。

▲眉尾短不過目者，主其人有孤獨心態，常有孤寂感。

▲眉尾斜上之天倉位飽滿者，主其人富貴壽考，低陷者主其人貧賤促壽。

▲眉尾過於濃密寬大而又不彎下過目者，主其人精力旺盛，但個性剛愎自用。

▲眉尾彎下而又收聚者，主其人心口如一，處事執著，有始有終，同時血液循環良好，健康少病。

▲眉尾不聚者，主其人個性豪爽熱誠，但自不量力，常爲小人所趁。或是創業精神有餘，經營手法不足，故中年成敗難免。（註：眼波成單者減半論。）

▲如眉尾不聚再加眼珠黃色者，主其人易患肝炎。

▲眉尾上翹者，主其人個性倔強傲慢，好勝心強，犯上欺尊，如面相其他部位尚佳者減半論。

▲眉尾生有漆黑之痣者，主其人志趣高尚，具有大智慧，處人處事手法高超。但爲人奸猾，喜弄權術，先賢謂之爲「奸賊」。

▲眉尾生出毫毛三、五根者，主其人好運來臨，健康進步。尤以四十三歲至五十二歲之間更應出毫，六十歲後則應生出白毫，六十歲前生白毫主不壽。但眉毫不宜早生，先賢謂，二十出毫三十死，三十出毫四十亡。（註：出毫乃象徵身體健康，有如老幹生出新枝，但過早出毫，則象徵其人身體不健康，老化現象提早到來。又眉毫向上向下長者均主刑剋不吉。）

▲眉稜骨高聳圓起者，主其人精力充沛，敢作敢爲，個性優良，志向遠大，青年發達。

▲眉稜骨太過高聳突起者，主其人個性剛烈，急躁易怒，驕傲乏修養，有偏見，六親不和，缺乏朋友。又主其人有大志喜大言，不能成大事，不能從俗，自以爲是，勇敢而富自信心，知進不知退，往往僨事後悔。如眉稜骨高如刀背狀者，乃大惡無道德欠理性之人。

▲眉稜骨低陷者，主其人個性自卑，陰險狠毒，剛愎任性，爲危險人物。

▲眉濃之人，個性受父之遺傳較多，眉淡之人，個性受母之遺傳較多。

▲眉身寬大而色枯焦，再眼圓露光者，雖出身富有，亦主有竊盜之癖。

▲眉身寬大者，主其人膽大量大。反之，眉身窄小者，主其人膽小量小。

▲眉身寬大雖屬佳相，但眉尾過目太多，形成眉身過長者，主其人個性懶散，遇事猶豫不決。

▲眉生的位置高居額中，再田宅宮寬廣豐腴者，主其人給人第一印象良好。其人又不拘小節，待人推心置腹，人緣好，朋友多。同時思想高雅，個性不急不徐，精神物質並重，乃愉快長壽之相。如眉稜骨高聳者，壽年九十以上。

▲眉生的位置過低，形成田宅宮狹窄無肉者，主其人正直樸實，不善阿諛奉迎，人際關係不良，常做好不討好，多勞而收穫少。同時其人思想積極，個性急躁，物質重於精神，如眼睛再黃色者，主其人唯利是圖。但白種人因民族性不同，不忌眉生過低，反而象徵其個性頗爲進取。

▲眉生的位置斜過目者，謂之「吊喪眉」，主其人好色貪淫。

▲眉毛生的位置，左右兩邊一高一低者，主其人個性自私，心機頗重。

▲眉形美好又「退印」「居額」，但其生長形狀與位置有如「八字」者，主其人有高度文化修養，注重生活情趣，講究生活享受，如眼鼻相理亦佳者，主其人福澤深厚。

▲眉形「八字」，但眉毛柔細壓眼者，主其人多憂多愁，個性欠慷慨，有時表現懦弱怕事，處事欠缺決斷力。

▲眉粗濃如潑墨，主其人一生少快樂，命運蹇滯，但精力旺而貪淫。

▲眉內有傷痕者，主其人易遇意外危險，傷痕在眉上者同論。

▲眉與天倉之間，有三條橫紋者，主其人死於兵災戰亂。

▲眉毛中有黑子者，主其人應防水險，並易與女性發生口舌是非。

▲眉毛薄，眉尾又有黑子者，主其人有腰脊之痼疾。

▲眉毛黃，眉毛中間有紅子者，主其人應防火險。

▲眉上方生有亂紋者，主其人智慧不足，雖有衣食，但難有成就。

▲眉尾天倉部位及面頰生斑者，老年人主有大壽大福（體肥之老年人更宜有斑），但斑宜大宜黑宜高方好，面白而斑黑亮者更佳，主老年風流享福。斑粒小而褐色者，

仍主不壽少福。如面白斑黃者亦主不吉。少年或瘦人起斑者爲色斑或癆斑，夭壽之相。

▲「相不獨論」，當論及眉毛之相理休咎時，尙須參合其他部位綜合論斷之。

●女性眉毛之獨特相理休咎

▲女性長有「新月眉」者，主其人個性優良，嫻靜賢慧，持家有方，必配有成就之夫，並旺夫相子，孝順翁姑，婚姻美滿。此即相學上所謂之「貴女無賤眉」也。

▲女性眉毛形佳，主其人必配賢能有成之夫。如眉形惡劣者，主其人必嫁顢頇無能之夫，或主婚姻不美滿。

▲女性以眉爲夫妻關係之「情份宮」，眉毛輕淡者，配男眉亦應輕淡，眉毛濃密者，配男眉亦應濃密，主其人夫妻情份必濃，永浴愛河。鬢毛腋毛陰毛亦相配者更佳。

▲女性之眉纖細如「柳條」狀者（又名春心眉），主其人個性聰明，感情豐富，有藝術眼光。如配桃花眼者，則主淫蕩，婚姻不美滿。

▲女性眉形一字，再加頭髮生來捲曲，鼻樑起節，雙顴骨露者，主其人刑剋三夫。

▲女性之眉稜骨以平起為佳相，如眉稜骨高聳者，主其人個性強，不得人和，性情孤僻，不享夫福，又不孝順父母翁姑，易遭凶險。如婚姻宮再有瑕痣者，主不離則剋。

▲女性眉旁之天倉以平滿為佳，不宜凸露，若寬廣橫露者，主其人個性兇惡，並刑剋六親。

▲女性眉旁天倉部位有黑亮之痣者，主其人善於生男，體形小者尤驗。

▲女性之眉粗濃似男眉，但眉形清秀彎長者，主其人有男兒之性向，工作能力不輸異性，並有家庭責任感又富孝心。但個性好強好勝，有女強人心態，大多為職業婦女，婚姻欠美滿，難享夫福。

▲女性之眉過於粗濃，眉形又惡劣者，主其人個性偏執倔強又貪淫，難嫁有成就之夫，一生勞碌少福，婚姻不美滿，非離即剋。如其人眼惡聲雄氣濁及鬢毛多者尤甚。

▲女性之眉粗濃又緊蹙垂縮者，謂之「眉寒」，主其人乃孤獨刑剋之相，即不一嫁再嫁，亦難享丈夫子女之福。

▲女性之眉稀薄者，主其人夫緣夫福均薄，子女福子女緣亦薄，同時貪淫損胎，亦象徵其御夫無術，尤其無法約束丈夫的婚外情。當其發胖時，即爲剋離之時。

▲女性眉毛稀疏若無，謂之「白虎眉」，如腋毛陰毛亦稀疏若無者，乃發育不全之徵，內分泌必異常，故有剋夫之可能，如其人再一身痴肥，則定必剋夫刑子，難有生育，婚姻必破裂，或遭丈夫惡意遺棄。

▲女性之眉毛稀疏若無，再加奸門部位深陷者，主其人早婚少緣，要三十四歲後才有姻緣。如早婚必剋離。又主婚後夫運不佳，難嫁富婿，亦少子嗣。

▲女性眉毛似浸油，面亦成滑艷之色者，主其人丈夫運程欠佳，有志難伸，甚或作姦犯科（註：滑艷色之特徵，請參閱拙著《氣色大全》第九章。）

▲女性眉頭之毛濃，眉尾之毛稀疏者，主其人性急，感情勝過理智，婚後往往忽略丈夫，容易導至丈夫外遇。又主其人多嫁市井小民爲夫。

▲女性眉頭斜上指向中正司空之位者，主其人個性不良，有偶發性之「忘我症」，因而具有毒夫殺妾之心理傾向。

▲女性眉頭常蹙縮者，主其人不相夫亦不旺子。

▲女性眉毛成螺旋狀者，主其人有雙母或爲他人之養女，同時個性強又好淫。

▲女性眉毛短不過目者，主其人婚姻不美滿，非剋即離，眉毛稀疏者更驗。

▲女性兩眉相距過狹者（不足一指寬），主其人一生財運欠佳，婚姻也欠美滿，遲婚者減半論。

▲女性眉低壓眼，再眉毛又亂者，主其人剋夫刑子，難配有成就之夫，一生貧賤，不善持家。

▲女性眉毛不散不亂，緊貼於肉，毛色光潤者，主其人尚屬處女之身，已婚女性則否。

▲女性在月訊來潮時，因「水」「火」二經的生理變化，不論處女或已婚女性，眉毛均會浮散直立，而不緊附貼肉，乃正常現象。

▲女性之眉過於生高，或豎生逆生，或眉毛過長，或眉尾上翹者，均主其人個性乖張，婚姻不美滿，非離即剋，同時好淫。

▲女性之眉過於生高，再加顴亦生高近眼者，主其人個性偏執之至，有逼迫丈夫犯法之可能。

▲女性之眉「有揚」者，主其人有男兒之志向及氣慨，同時慾望高、私心重，婚姻難得美滿。

▲女性無眉又髮多者爲帶刹，主其人品性低下，剋子刑夫，一嫁再嫁，孤獨到老。（註：女性髮多無眉爲呂洞賓所云女性七刹之一，另外六刹爲眼大眉粗，美婦黃睛，面大口小，鼻上生紋，耳無輪，極美面如銀色。）

▲女性無眉，再加眼睛深陷，唇色青黑或淡白者，主其人難育子嗣。

▲女性眉黃者，主其人丈夫性機能特別旺盛，其夫必納妾或外遇或尋花問柳。

▲女性眉上福堂位有痣者，主其人在家壓父運，出嫁壓夫運，兩邊福堂均有痣者，主其人與父母少緣。

附註：女性之眉除上述之獨特相理及休咎外，其他一般性之相理及其休咎與男性同論，但有關男性眉相獨特之相理及其休咎例外，因男性屬陽，女性屬陰，故在休咎解釋上有所不同，讀者不可不察。

眉各部名稱圖

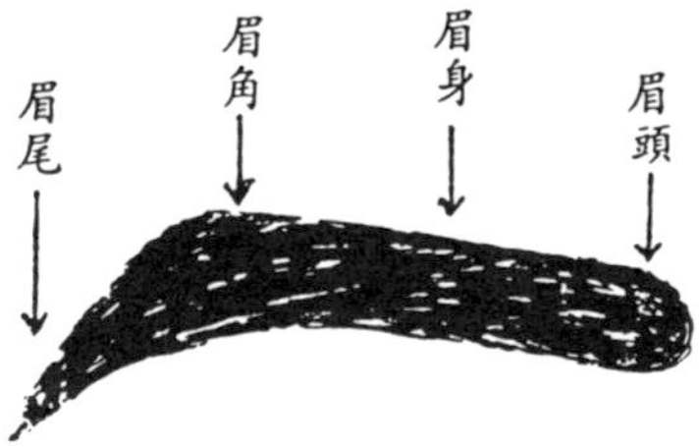

（本章所繪之眉圖，以《神相全編》所記載者爲準，讀者作印證時，千萬不可拘泥，只印證其特徵即可。）

龍眉

「龍眉」爲男性最標準之眉，其特徵爲眉頭圓，眉身彎彎勢上，眉尾有聚過目，主其人出類拔萃，大貴特貴。如眉尾上豎，則貴亦心毒。

新月眉

「新月眉」的特徵爲眉似月初之月亮，眉細彎長居額過目，故名新月，此爲女性最標準之眉，主其人一生好運，家庭幸福美滿，夫婿非富即貴。

各式眉相圖㈠

臥蠶眉	劍眉

「臥蠶眉」的特徵爲形似臥蠶之狀，其眉頭既圓又彎下，似臥蠶之頭動，眉尾上揚有聚。主其人滿腹文章，成名頗早。	「劍眉」的特徵爲眉之毛長又濃，尾部向上翹起，主其人富智力膽識，可軍職發展，終必聲威遠播。
虎眉	**清秀眉**
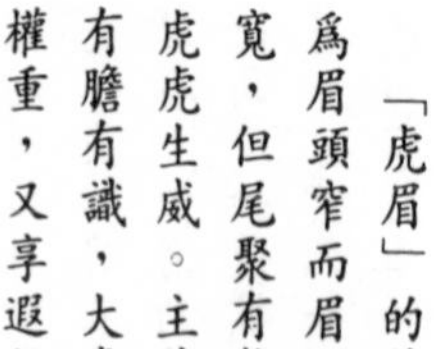	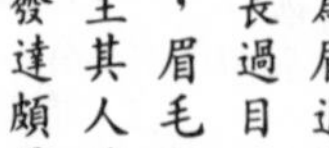
「虎眉」的特徵爲眉頭窄而眉尾特寬，但尾聚有勢，虎虎生威。主其人有膽有識，大貴而權重，又享遐齡。	「清秀眉」的特徵爲眉退印清秀，彎長過目，眉身不寬，眉毛不濃不稀，主其人聰明幹練，發達頗早，宦途有成。

各式眉相圖(二)

獅子眉

「獅子眉」的特徵爲眉毛粗濁但有威儀，眉毛長而蓬鬆，主其人發達較遲，愈老愈榮華。

柳葉眉

「柳葉眉」的特徵爲眉毛粗，眉身寬，但粗而毛順尾聚，主其人爲人忠信，忠義之士多有此眉，終必發達揚名。

輕清眉

「輕清眉」的特徵爲眉毛清秀彎長，但眉尾略疏，主其人理智勝過感情，有中等成就。

短促秀眉

「短促秀眉」的特徵爲眉毛退印，印堂特寬，眉身雖短，但眉尾過目，主其人成就不凡，忠孝高壽。

各式眉相圖(三)

柳條眉

「柳條眉」爲柳葉眉之別種，前者眉身寬眉毛粗，後者眉身窄眉毛細，又名春心眉，主其人不論男女，雖聰明而風流好淫。

一字眉

「一字眉」的特徵爲眉頭眉尾齊平，但眉毛清秀。主其人發達頗早，可文兼武職，個性爽直果斷，夫妻白頭偕老。

掃帚眉

「掃帚眉」的特徵爲眉形又大又濃，但前濃尾稀，主其人刑剋兄弟，事業小就而已。

羅漢眉

「羅漢眉」的特徵爲眉身寬短，眉尾下垂，狀似羅漢而得名，主其人早年艱難，妻遲子晚，兄弟刑傷，不得子力，晚年孤獨。

各式眉相圖(四)

旋螺眉

「旋螺眉」的特徵爲眉尾有螺旋之狀，武將有此眉相得益彰，平常之人得之遭凶厄，主其人妨剋父母兄弟，骨肉少情，個性剛躁量狹但性巧有壽。

婆娑眉

「婆娑眉」的特徵爲眉毛似婆娑起舞，眉毛眉身均下垂。生活無憂，但無能懼內，好色貪淫。

鬼　眉

「鬼眉」的特徵爲眉粗壓眼，短不過目，眉尾散亂。主其人心性不善，假仁假義，暗藏奸計，有偷盜淫亂心態。

尖刀眉

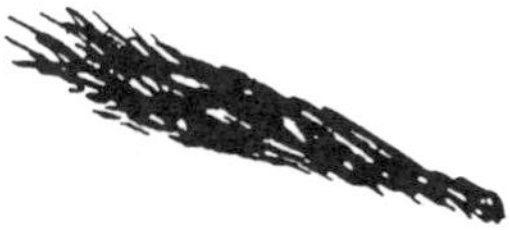

「尖刀眉」的特徵爲眉毛粗，眉身長，眉尾上翹但尾端稀疏。主其人心性奸惡凶暴，爲非作歹，兄弟刑剋，不得善終。

各式眉相圖(五)

交加眉

「交加眉」的特徵爲眉分兩層上下交加，乃大凶之眉。主其人刑剋六親，破家敗業，中年末年牢獄之災難免。

八字眉

「八字眉」的特徵是眉頭稀疏，眉尾分開成八字形。主其人有膽量又有度量，具文化修養，一生勞碌但財恆足，剋妻再三，子息終須螟蛉。

疏散眉

「疏散眉」的特徵爲眉毛稀疏散亂，眉尾不過目。主其人一生庸庸碌碌，財來財去，難有稱心如意之時。

間斷眉

「間斷眉」的特徵爲眉毛色黃，眉身雖寬，但眉尾間斷又不過目。主其人刑剋父母兄弟，六親少情。

《三》

眼

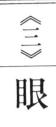

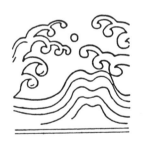

●眼之部位特性

筆者研究人相學及教授人相學前後已二十餘年，深深體認印堂爲吾人思維系統（即腦組織）之「總開關」，而山根則爲吾人運作系統（即五臟六腑）之「總開關」。總開關（或謂總樞紐）構造優良者，即代表其內部之組織結構亦優良，反之亦然。而吾人之眼，則爲思維系統及運作系統之交匯點，凡吾人思維系統所激發之心性和智慧及運作系統所激發之精神和體能均匯集於眼，也可以說眼爲吾人健康、智慧、個性之縮影。是以吾人喻眼爲「靈魂之窗」實有其來自也。

筆者又體認人相學乃遺傳學、生理學、中醫學之融會學術，一個人的眼睛是善是惡，與其父母祖先之遺傳因子密不可分，尤其與父母之遺傳關係重大，是以眼之善者，其父母祖先及自身之健康、智慧、個性必善；眼之惡者，其父母祖先及自身之健康、智慧、個性必有瑕疵。例如眼正心正，眼善心善，眼惡心惡，眼斜心邪。性格端正之人，眼平正而不斜視，心術不正之人，眼上下左右顧盼不止。所以孟子說：「觀人莫善於眸子，眸子不能掩其惡，胸中正眸子瞭焉，胸中不正，眸子眊焉。」

達摩將面相分爲十分，眼佔其五，其他顴鼻額頦各佔一分，眉耳齒口共佔一分，由此可見眼相在面相中的重要性。達摩又以眼「秀而正」，「細而長」，「定而出」，「出而入」，「上下不白」，「視久不脫」，「遇變不眊」等七項爲觀眼七法。根據「有諸內必形諸外」的道理，凡眼相能符合此七法之標準者，主其人思維系統與運作系統之結構及性能亦必優於常人。是以「問貴在眼」，貴人不一定有好耳，但一定有好眼，吾人假能具有一對好眼，必主名揚而志伸，不爲達官，定係富賈。

五臟六腑好比一部機器，雖然各部組件每個人均相同，但各部組件所用之材質（即五形質素）則人各不同，故有的人五臟六腑堅實無比，使用了八、九十年甚至百餘年仍完整無損，有的人使用了二、三十年就壞了一部份或全部。有的人體能（即電能）狀況極佳，精力充沛，精神旺盛。有的人體能狀況極差，精力不足，精神萎靡。而控制此機器正常運作之「樞紐」，即爲吾人腦組織中之神經中樞系統，眼睛即爲整個機器之「儀表板」或謂之「電燈泡」，如果整部機器之樞紐系統及各部組件，先天材質優良結構精良，後天之運作亦正常者，馬力必強大，電能必充足，顯現於外者，眼睛必符合「達摩觀眼七法」之標準，眼之神光必澄澈，如曉星之明亮，如山川之文秀，其人之成就亦必大於常人。故先賢云「問神在眼」，人有一分神，即有一分衣祿，人有十分神，即有十分衣祿。但神要藏而不露始可言吉，如神光外露，神光變成凶光，使人見了有恐怖之感，其人的命運一定多災多難，同時刑剋六親，到老孤苦。若是整個機器之樞紐系統及各部組件先天材質不良，結構亦拙劣者，其後天之運作絕不會正常，不是時生故障，就是電能馬力不足，顯現於外者，必是眼小而黑白混濁，眼神旣昏又弱，其人不短壽已是難得，焉能冀望其有所成就？

又眼睛與小腦、大腦均有密切關係，凡變態之眼或有瑕疵之眼，均因小腦之內分泌過或不及所致，例如性慾每易受衝動，而大腦又不能及時下令壓抑，因此而發生越軌淫亂之事，是以先賢云「眼有一分病，心有一分病，眼有十分病，心有十分病。」或謂「眼有一分病，命有一分凶，眼有十分病，命有十分凶。」，病者毛病之謂，凶者不吉之謂，眼相不能符合上述「達摩觀眼七法」之標準，即謂之眼有毛病，當然每個人的毛病多寡大小不一，但影響一個人之命運則是一定的。例如勞多獲少，事業挫敗，或個性不良，智慧不高，或刑剋六親，婚姻不美，或水驚火驚，跌撲扭傷，或意外災害，血光兵亡，或連年疾病，短壽夭死等不一而足，均是因爲眼有毛病而引致的。所以先賢謂「問凶在眼」，眼露凶光必定死於非命，赤脈貫瞳必定猝然橫死。其他有關婦女是否相夫旺子，均可就眼之相理一覽無遺。

先賢又云：「眼之善者，其遺傳亦善，眼之惡者，其遺傳亦惡。」此項遺傳可上溯至第八代、第九代（**即隔代遺傳**），其父母祖先必在健康、智慧、個性、品德方面一定有缺陷。反之，一個偉大人物之誕生，其父母及祖先雖非大富大貴，但在健康、智慧、個性、品德各方面，必鮮少有缺陷，並一代勝過一代，此爲不爭之事實，亦爲生理學家及遺傳學家所證實，其他動物、植物之繁衍改良，莫不同一道理。「眼」與「印堂」及「眉毛」，同爲面相三大主體之一，但眼爲主體中之主體，除眼當令之流年外，並能管到一生，吾人如有一對好眼，定有出頭之日，絕不致終身埋沒，反之眼若不好，絕無富貴可言。

眼與婚姻子女之關係亦非常密切，奸門雖爲婚姻宮，人中淚堂雖爲子女宮，但夫妻的情緣要看眼睛，夫妻的情份要看眉毛，夫妻的情愛要看嘴巴，夫妻的情恩要看耳朵，夫妻的情慾要看鼻準鬢鬍（**女性不看鬍鬚要看腋毛**），故謂眼爲「情緣宮」，眉爲「情份宮」，口爲「情愛宮」，耳爲「情恩宮」鼻準鬢鬍爲「情慾宮」。至於看子女的多寡，及子女的健康情形，當然要看人中和淚堂，但看子女的智慧和個性則要看眼睛。例如父母均爲雙眼皮，則生下的子女必係雙眼皮，如父母均爲單眼皮，則生下的小孩必爲單眼皮，如父母眼皮單雙各異，則生下的小孩眼皮亦有單有雙。茲就眼之各種相理休咎分述如下：

●眼相看事業成敗及攻守時機

▲眼要秀而正：眼前皆鈎圓後梢刀裁，黑白分明如點漆，神強而藏，灼然有光者謂之「秀」，主其人聰明而多才華，策劃及執行能力均強。兩眼間距均勻，兩眼大小一致，黑睛位於眼之正中，不偏左偏右，不偏上偏下者，謂之「正」，主其人不亂用聰明，事業往正途發展。如秀而不正，則才偏自用，智邪行歪，爲相法之忌。

▲眼要細而長：眼圓謂之大，眼扁謂之「細」，眼細並非眼小。眼大者黑睛多欠收藏，眼波多成雙，眼細者黑睛多深藏眼框之內，眼波多內雙或單波而有欄，前者主其人個性浮躁勇多於智，後者主其人個性內斂智勇平衡。眼長者即「河目」之謂，能自顧其耳者最佳（孔子能自顧其耳）。眼大之人雖有才藝但難見貴（即官場發展

有限），眼小之人雖貴亦屬小品，惟有眼細而長之人，能成大器享大壽。如眼長不細，則既愚又惡，如眼細而不長，則屬器小之人。

▲眼要定而出：目光有聚謂之「定」，目光不聚謂之「露」，目光有聚者，主其人志向遠大，體能超群，乃大壽之相。但目光必須聚而「出」，令人感覺眼內有神光射出，始能與社會之機會相遇合，然後成就事業。如目光聚而不出，謂之不流通之死水，雖有大志，亦難發揮，雖有機會，亦難掌握，事業上難望有所成就也。

▲眼要出而入：眼內之神光有出，猶如太陽之光照耀大地萬物，凡目光所及之處，亦即機會遇合之所，但其神光要令人有出而「入」之感覺。因「出」者爲震攝力及奮發力，乃信心毅力與才華智慧之表徵。而「入」者，則爲親和力及信用感，乃公正仁惠與謙讓合群之表徵，如此，機會之遇合始能歷久不衰。如出而不入，主其人爲浪蕩子，易招凶厄枉死，如係事業有成之人，則招嫉結怨而遭小人暗害，事業必見阻礙挫折。

▲眼要上下不白：不論男女，眼之黑睛應多於白睛，如黑睛少於白睛，其人眼必浮白矣。不論「上白」「下白」「一白」「四白」，均主招凶而有刑剋，即使其眼形秀

而長亦屬惡眼，主其人健康、智慧、個性上必有瑕疵，因此而影響其人事業上之收穫，婚姻上之美滿，甚或促壽凶亡，或雖高壽而孤獨。

▲眼要視久不脫：久視後神光愈充足愈皎潔有威，而又眼光逼人者，謂之「不脫」，亦謂之「神足」「神壯」，主其人遺傳優良，身體健康而長壽，事業上必有成就自然不在話下。如久視後，神光漸縮而怯，年少者頻頻眨眼，年老者則兩眼昏矇，主其人欠缺恆心毅力，身體羸弱而促壽，事業上中年主有挫敗。

▲眼要遇變不眊：變者即突然到來的災厄險境，眊者即減損昏暗之謂，假如吾人能處變不驚，心靜而神定，眼睛不昏花亂眨，有泰山崩於前而心常一之氣概，主其人之元神元氣不會損耗，因此，其人必非凡器，來日在事業上必大有成就而壽考。假如遇到災險，眼睛中立即現出張惶恐怖之神態，元神元氣因而大受損耗，主其人乃凡夫俗子也。（註：眼能符合上述七項標準者，即謂之為「鳳眼」，主其人事業上大有成就，不大貴也必大富而又高壽。）

▲眼長而秀，黑白分明，瞳孔潤澤而有光彩者，亦謂之「鳳眼」，主其人可致大貴或大富，並享高壽。

▲眼秀而正細而長，眼勢上入天倉者，謂之「丹鳳眼」，主其人重義輕利，正氣凜然，大貴而名揚四海，最宜擔任司法工作。如任行政工作，必係賢能清官。如任武職，必為忠烈之將。

▲眼雖非鳳眼，但眼神藏而不露，黑睛灼然有光者，主其人富機智而有決斷力，事業上主有中等成就，有中等富貴。

▲眼雖非十分藏神，但眼神清而不濁者，主其人聰慧而有才華，事業上主有小成就，有小富貴。

▲眼神既不藏又不清謂之神濁，凡神濁之人，其健康、智慧、個性，必有嚴重瑕疵，主其人一生事業少成，或多成多敗，平平凡凡過其一生，既不能貴，又不能富。

▲眼睛黑白混濁，黑睛灰暗無光，白睛呈泛泛之色又滿佈紅筋者，此乃貧賤之相，終身沒有通達之日。

▲眼、眉、印堂、山根六曜齊明，再加額圓地方者，乃「形局全」，主其人青年早發，一生事業亨通，並有晚福。

▲眼之黑睛黑亮如漆，眼內神光射人，再加額高額寬者（木形人最宜），主其人個性

聰慧賢良，事業上必有成就，可貴可富。

▲眼之黑睛佔滿整個眼眶者，乃奸雄之相，主其人有大智慧，有謀國篡位之野心。

▲眼之黑睛雖大，但眼形大而無欄，神光散而不聚，主其人促壽，兒童更驗。

▲眼睛黑白分明者，主其人終身財旺，少勞多獲。如黑白不分明（含上眼瞼遮蓋的部份）者，主其人多勞少獲，即使略有積蓄，其財也來得非常辛苦。

▲眼之黑睛有白雲遮蓋，或眼眊有痣斑者，眼形再好亦應減分論，主其人成就遞減。

▲眼之黑睛少而白睛多，形成一白眼、三白眼、四白眼者，主其人肝及腦組織發育欠完美，影響其健康、智慧與個性，因此常遇凶險，事業上鮮有成就，或即成即敗。

▲眼之黑睛有夜光者，主其人乃大富大貴之相格。此乃「眞光」，白晝看時如虹彩如紫電。

▲眼睛有「眞光」者，主其人雖瘦骨嶙峋，其貌不揚，仍可在無意中登極貴極富之境。（註：眞光分四種，請參閱拙著《氣色大全》第七章。）

▲眼之黑睛白睛有若浮露者，主其人事業上縱有小成，但四十歲前後難逃一死。

（註：眼浮露係因五臟六腑著床不良之徵）

▲眼與眼之距離過近，構成山根狹小者，謂之「日月爭輝」，軍職人員不忌。其他之人，不論男女，主其人中年敗業，事業少成。

▲眼頭破缺者（內眥破裂），主其人中年事業破敗。時在三十二歲、三十五歲、三十六歲、四十一歲、四十四歲。

▲眼形不秀再加眉毛短散者，主其人四十歲前虛花度日。

▲眼尾垂下，再加耳形歪斜及鼻骨彎曲凹凸者，主其人四十歲至五十歲難有好運，事業不順破敗損財。

▲眼圓大有神，再加雙顴有勢者，主其人能大貴，但終凶死。

▲眼長大有神，再加眉毛亦寬大過目者，主其人事業上有或大或小之成就，尤以從事影藝工作最宜。但眉尾短散者則難言成就，並中年有災。

▲眼大而額頭又窄小者，主其人一生難發運，並主促壽。

▲眼大而黑睛又凸眼神又露者，主其人野心大，慾望高，但不善終。尤以馬臉、尖刀眉、劍鼻、豬頭、吹火嘴、招風耳之人更驗。一般之人眼凸者，亦主眼睛當令

之年不利，終身不榮，並因妻兒子女致訟。

▲眼大睛露而鼻又過小過尖者，謂之「木剋土」，主其人終身難有富裕之時，並中年波折凶險。

▲眼大睛露而耳又過於薄小者，謂之「水不生木」，主其人多學少成，終身運蹇，同時促壽。

▲眼大而口又過小者，謂之「木不生火」，主其人四十九歲有關限，如事業順利必主促壽。

▲眼大而面過小者，主其人難聚錢財。

▲眼小而面過大者，主其人應防血光之災。

▲眼小耳大者，主其人一生貧苦又孤獨。

▲眼小口大者，主其人富貴難求，貧窮到老。

▲眼雖小，但眼神充足，同時眉鬚鬢「三輕」者，主其人仍有相當成就。

▲眼小而眉毛粗濃者，主其人因龍（眉）虎（眼）互欺，不但眉眼運不發，而且終身運蹇，災厄連連。

▲眼雖佳，但眉相不佳者，乃「龍欺虎」之格，主其人三十歲至四十歲之間難發運。如眉相佳，但眼相不佳者，則謂之「虎欺龍」之格，亦同樣難發運，此即眉眼互相吊用之理也。

▲眼之大小形狀要左右平衡，如左眼劣者（**女性則忌右眼劣**），主其人三十二歲、四十一歲、五十歲之年，事業上必見挫折或小人損財，或健康有損，如係受薪之人，亦主是非或小人損財。如係右眼劣者，則主其人二十六歲、三十五歲、四十四歲之年，事業上必見挫折或小人損財，或健康有損，不論男女，均甚應驗，其不吉程度，尚應參照山根年壽地閣垂珠之相理綜合論斷。

▲眼瞎之人（**不論左眼右眼**）曰「眇目」，讀書之人最忌（**尤忌左眼瞎**），謂之陷了「文星」，主其人終身難有功名。如再頭尖齒露，即使有大學問，也難有出頭之日。但眇目之人如從事軍職則不忌，謂之「獨眼龍」，主其人大有成就。但個性好色，主有桃花劫，婚姻不美滿。

▲眼雖凸露，但眼露神不露，再黑白分明者，謂之「惡形善眼」，主其人仍可發達，事業上仍有成就，惟多勞多險，或因婢妾致訟招凶。如露而欠威，或眼露神亦露

者，謂之「惡形惡眼」，主其人刑尅勞碌，一生無成就可言，並多危險凶災。

▲眼角之魚尾紋上拂天倉者，主其人白手興家，貴而有壽，如面相其他部位再配合得當者，主其人大有成就。

▲眼角之魚尾紋過長而又垂下者，主其人一生事業勞多獲少，難有大收穫。

▲眼角之魚尾紋過多者，雖富貴亦主其人至老勞碌不休。

▲眼旁之奸門深陷或凸露者，主其人三十九歲及四十歲必見是非或破敗損財。

▲眼睛深陷者，主其人一生難聚大財。如再眉毛短散者，四十一歲前均主虛花。

▲眼被眉壓，或左眉毛有缺憾者，主其人三十七歲事業破敗，即使不業商，亦主是非破財。

▲眼黑睛黃色又帶剎者，主其人破敗無成，但眼神有威，處於亂世者仍主貴而有成。

（註：眼帶剎者，即眼睛黑睛少，白睛多，或有紅筋纏繞，或眼有其他瑕疵，均爲眼帶剎。）

▲眼睛有兩個瞳仁者（即重瞳），主其人非聖賢亦必大貴，但身體必須高大魁梧始合格，形局微小者不可同論。

▲眼黑睛周圍有多重藍色如蚯蚓盤繞者，主其人一生勞碌，但仍主成就事業而享福祿。（註：多重藍圈象徵其人體內所發之電力強，藍圈乃係電渣堆積而成。）

▲眼露威者，乃大貴之格，不可與露神、露光者同論。但五官相理庸俗者，不可同論。

▲眼神光芒畢露者，主其人三十二歲至四十四歲破敗退財，如係公教人員，則主小人爲害，官非纏身。如未破敗退財、官非纏身者，則主有災厄。

▲眼目光呆滯無神者，主其人三十二歲至四十四歲，防小人損財，如係公務人員則主代人受過。

▲眼之相理佳，再加鼻柱貫氣雙顴有托者，主其人三十五歲至五十五歲發大運。

▲眼之白睛要白亮中隱隱約約透黃亮藍亮者爲佳，如白晌呈枯白色並乾澀者，先賢謂之「白乾」，一生運蹇難成大器，僅止於「白丁」而已。

▲眼下有骨起者，謂之「奴隸骨」，主其人終身貧賤。

▲「相不獨論」，當論及眼之相理休咎時，請參合其他部位綜合論斷之。

●眼相看家族關係及婚姻子女

▲眼露一白、三白、四白或眼睛凸露者，主其人祖先三代之內有惡死之人，或有損陰騭之人，最低限度亦有短命夭壽之人。

▲眼之魚尾及眼旁之奸門為夫妻宮，為觀看男女婚姻、夫妻感情之主觀察點，但要配觀額、印堂、眉、眼、耳、鼻、顴、口、鬚、髮、胸、腹、腰、臀、手形、手紋等部位，因為上述各部位均為影響男女婚姻夫妻感情之「五形格局」「品性個性」「電能強弱」「血液質量」「內分泌質量」「第二性徵」等之表徵所在。（有關手相體相部份請參閱《蕭湘相法》下冊）

▲眼旁之奸門（即夫妻宮）闊平無紋者，主其人娶妻賢慧美麗。（註：奸門為「肝腦穴」，奸門闊平無紋象徵肝腦（小腦）發育良好，因此，吾人之個性及性機能亦必優良正常，並外形英俊挺拔，是以吾人所發之電能必強大，電質素之波段、頻率、速率亦必正常，所接觸之女性，亦必個性賢慧，外形美麗，並電質素正常者，才會與之來電。同樣道理，奸門狹小者，與之來電之對象，個性必不良，外形必庸

俗，電質素必欠正常。）

▲眼旁之奸門凹陷者，主其人尅妻再三。（註：奸門凹陷象徵其人肝與小腦先天發育不正常，因而導致個性不良，房事要求過多或不足，並分泌不良之內分泌，妻方連年屢月遭受精神與肉體的折磨，以及因夫之不良內分泌影響健康，嚴重時妻方因而死亡，此即先賢所謂之「尅妻」也。惟現今為開放社會，在妻尚未致病前已大多離婚矣。）

▲眼旁之奸門有交叉紋者（即十字紋），主其人虐妻，應防妻妾縊死。（註：奸門有惡紋、惡痣出現，均係其人肝與小腦有病變或分泌不良內分泌的象徵，因而導致其人的個性、品性變為不良，性機能不是不足就是過強，因此其妻在精神生活及肉體生活均不能滿足的情形下，又礙於封建社會不能離婚，只有尋求自殺，以求解脫。因古人有全屍觀念，故以自縊方式為之。但現今為開放社會，夫妻婚姻生活不協調，多以協議離婚方式解決。）

▲眼旁之奸門位尖起者，主其人娶娼妓或歡場女子為妻。奸門位有雜色者亦同。

▲眼旁奸門有直紋上達眉尾，主其人有娶妾心態，眼斜視者更驗。

▲眼旁之左邊奸門有灰黑之痣，或有黑斑（非老人斑），主其人剋妻（男左女右）痣斑生在右邊者，主其人婚姻不美滿，或有外遇（男右女左）。

▲眼旁奸門平滿者，主其人子多而賢。（註：奸門平滿象徵其人肝與小腦先天發育良好，故而其人之遺傳亦佳。）

▲眼角之魚尾平滿，眼細而長，秀而正者，主其人婚姻易成，娶妻美麗賢慧，可得妻助。（註：女性則嫁賢能之夫）

▲眼角之魚尾凹陷色暗者，主其人刑剋妻子。（註：魚尾亦與肝腦有關，剋妻之原因與奸門相同。）

▲眼角之魚尾凹陷、亂紋、惡痣、枯乾者，主其人婚前戀愛不順，難早婚。（註：因肝腦先天發育不良，導致其個性不良或電質素過弱過劣，因此難與異性來電之故。）

▲眼角之魚尾及奸門均飽滿潤澤者，主其人雖家境清寒，但婚後夫妻生活恩愛，同時妻能幫夫。

▲眼角之魚尾紋上拂天倉，再奸門平滿者，主其人可娶妻得財。（註：天倉奸門氣色紅潤時即驗。）

▲眼角之魚尾紋過長又垂下者，主其人婚姻不美滿，終日爲妻子兒子辛苦操勞。

▲眼角之魚尾紋太多太亂者，主其人勞碌終身，愈老愈辛勞，同時刑妻尅子，奸詐好色。（註：因其人腦海中慾念多，歪點子多，故影響小腦內分泌不正常，因而形成多而襍亂的魚尾紋。）

▲眼角之魚尾紋長至奸門者，主其人一生遷徙無常，妻難偕老。

▲眼角之魚尾紋成梅花形者，主其人因妻破家。有直紋者，主其人中年大窮大困。

▲眼角之魚尾有黑氣色者，主其人應防妻室病災。

▲眼角之魚尾氣色黃中透黑，或生黑斑黑點者，主其人妻室好淫。

▲眼尾肌肉豐腴，年齡逾四十歲仍無魚尾紋者，主其人好色，並婚姻不美滿。

▲眼尾有直紋者，主其人婚姻不美滿，非離即尅。

▲眼尾下弦有三紋斜向奸門者，主其人花言巧語，腹藏奸計，耽溺女色，刑尅妻室，到老貧窮。

▲眼尾垂下者，再加婚姻宮相理不佳者，主其人性邪而好淫，婚姻不美滿，非尅即離。

▲眼尾左上靠近天倉部位（男左女右）長痣者，主其人夫妻刑剋或離異。眼尾左下靠近顴骨部位長痣者，主其人夫妻互有私情。眼尾右上靠近天倉部位長痣者（男右女左），主其人風流成性，一生桃花運不斷，嚴重時夫妻必離異。

▲眼上之田宅宮深陷者，主其人少子嗣。（註：木形人不忌）

▲眼上之田宅宮氣色灰暗者，主其人家運不佳或家中發生變故。嚴重污濁色黑者，則主家中發生變故並破產敗業。

▲眼上之田宅宮有痣斑、痘痕、傷疵者，主其人難得祖產，如購買或建築房屋時，則容易吃虧上當。並常常遷移居處，一生爲妻小或丈夫辛勞，家中常發生令人煩惱之事。

▲眼之下弦（即臥蠶）豐滿者，主其人生殖系統發育良好，不論男女，異性緣佳，並多誕男。

▲眼之下弦無欄（即臥蠶不起）者，主其人子女少緣，或刑剋子女。又主其人異性緣少，對異性之追求不感興趣，即使結婚，亦家庭觀念淡薄，婚姻生活不美滿，無臀之人更驗。

▲眼之下弦有痣者，主其人疼愛子女，子女有成就。

▲眼之下弦外翻又色黑者，主其人有子即尅。

▲眼之下弦生有長毫者（非眼睫毛），主其人無子女送終。另臺肉垂下，臥蠶低暗者同論。

▲眼下有三條直紋者，主其人老年不享子女之福，紋在右眼下者，則主尅妻。

▲眼下臥蠶常年氣色青慘或有紋破者，主其人刑尅子女。

▲眼睛凸露，再加眉毛稀薄者，主其人少子，如眉毛若無者，則主無子。

▲眼睛凸神又露者，主其人刑妻尅子，愈富貴之人愈驗。

▲眼大睛又凸出，再加鼻高無肉而露骨者，主其人刑尅子女，亦主與子女無緣。

▲眼大又圓又露，再加鼻小準尖者，主其人刑妻尅子。

▲眼大之人，男女均易爲對方所喜歡，亦每多戀愛或婚姻失敗之人。

▲眼大無神，眼又有雙波者，男性主其人易招女人口舌。

▲眼大有神，再眉毛粗濃者，主其人妻室賢淑。

▲眼之左眼大者，主其人父先亡，亦主尅妻，左眼小者，主其人懼內有女禍，右眼

大者，主其人母先亡，右眼小者，主其人虐妻，同時晚運欠佳，子孫少緣。

▲眼形惡，再加眉壓眼，山根又斷者，主其人刑妻尅子。（註：此乃五臟六腑先天發育不良又著床不良，影響其人之個性及內分泌不良所致。）

▲眼睛黃，白睛有紅筋者，主其人刑妻尅子。如再語結者，主其人好色貪淫。

▲眼睛帶黃，再加眉毛稀疏，喉結又過露者，主其人有絕嗣之虞，同時命帶勞碌，難聚錢財。

▲眼四周浮白者，謂之「四白眼」，主其人刑妻尅子。

▲眼上邊露白者，謂之「上三白眼」，下邊露白者，謂之「下三白眼」，均主其人刑妻尅子。

▲眼神短漫者，主其人妻奪夫權。

▲眼神眼形似怒者，主其人無子嗣，聲焦性躁者更驗。

▲眼呆滯無神，或神清如水者，主其人子女遲生，或少子女。

▲眼無神或眼睛混濁者，主其人難育子嗣。

▲眼似羊眼，再禾倉（即正面）陷削者，主其人不論男女，中年鰥寡孤獨，刑妻尅

子。同時輕言寡信，好勇鬥狠，性淫亂又貪逸樂，多不得善終。（註：羊眼的特徵爲眼眶短小，眼有雙波，眼珠微凸，黑少白多，眼露四白，瞳仁淡黑，目光上視，眼神外射，白眴有紅筋又帶綠色，黑暗中視之有車輪之狀。）

▲眼不哭而淚汪汪者，主其人命帶勞碌，晚年刑尅妻子兒女，孤獨之相，或與子女無緣，眉常蹙者更驗。

▲眼及山根、兩眉、淚堂、人中爲子息之宮，但要配觀耳朵、鬍鬚、唇齒、乳臍、腹臀及手之動脈紋（即手徑線）爲準。

▲眼下淚堂深陷者，主其人刑尅子女，與子女無緣。（註：淚堂爲心腎之交，心爲火爲血屬母，腎爲水爲精屬父，父精母血相合而成胎，故先賢定眼下淚堂爲子女宮。如淚堂深陷，象徵其人之循環系統及生殖系統有缺憾，不是所生子女身體欠健康而夭折，就是根本無法生育子女，所以謂之刑尅子女，或與子女無緣。）

▲眼下淚堂浮腫或暗黑，再加天地不朝，臀部尖削，滿面氣色光浮者，主其人晚年喪子或與子女少緣。

▲眼下淚堂平滿潤澤，神態安和者，主其人子女多而賢，如淚堂急瀉不飽滿者，主

其人子女不肖而愚。

▲眼下淚堂平滿潤澤者，主其人身體健康，精力充沛，夫妻恩愛，子女乖巧孝順，親子關係良好。

▲眼下淚堂有痣者，主其人刑剋子女，如有斑者，則主其人為子女煩惱擔憂（男左女右）。

▲眼下淚堂有直紋者，謂之「哭子紋」，主其人剋子。女性尤驗。淚堂有井字紋者亦主刑剋子女。

▲眼下淚堂虛腫或肉墜如袋形者，主其人剋子或子女稀少，夫妻感情淡薄。

▲眼下淚堂有隱約可見之橫紋者，謂之「陰騭紋」主其人積有陰德而子女發跡，紋內有黃紅色盤繞者更驗。但紋粗深而長，主其人刑剋子女，紋內氣色青黑汚濁者更驗。

▲眼秀眉淸，再淚堂平滿，山根隆起，人中分明者，主其人多子女，同時子女優秀。

▲眼睛深陷者，主其人子女少緣，到老孤獨。但眉毛淸秀，顴骨有起，地閣厚圓，後腦隆起者，仍主子孫繁榮。

▲眼有痴醉之狀者（即白晌紅色、黃色混沌之謂），主其人事業少成，妻兒受苦。
▲眼左右長相顯然不相同，主其人有異母兄弟。
▲「相不獨論」，當論斷眼之相理休咎時，請參合其他部位綜合論斷之。

●眼相看健康智慧及個性品德

▲眼睛黑白分明，再加眼神澄澈者，主其人乃賢良有爲之士，健康長壽之人。
▲眼睛黑白分明，黑睛深藏者，主其人享高壽，富孝心。
▲眼細長有欄又不浮白不露神者，主其人遇險不險，逢凶化吉。
▲眼細長者，主其人比眼短小者氣量寬大。
▲眼之黑睛有藍圈環繞者，主其人聰明幹練，但命帶勞碌，亂世出外發展有成。盛世受六親連累，但可享高壽。
▲眼黑睛成碧綠之色者，主其人既貴又壽，或爲得道仙人，宗教長老。
▲眼睛黃亮灼灼有光者，主其人個性急，有急才急智，亂世時主有相當成就。
▲眼睛有「重瞳」者，主其人內臟結構異於常人，例如兩個心臟或四個腎臟等現象。

▲眼之內眥如鈎者，主其人聰慧富機智，善營謀策劃，富恆心毅力，同時很會唸書過目不忘。

▲眼之內眥如鈎，再加眉秀彎長，手掌巽宮有進步線，大拇指或食指有「夫子眼」者，主其人之學歷最低有大專程度，如額高廣，髮際又整齊，手掌巽宮有兩條以上進步線，人紋亦佳者，主其人有碩士或博士學歷。

▲眼之內眥成圓形者，主其人不會唸書，缺少機智，膽小又喜虛張聲勢。

▲眼之內眥「怒肉」成紫色者，主其人心毒。

▲眼之內眥「怒肉」露出過多色又赤紅者，主其人有深仇大恨未消，官場事業或感情上必曾遭受打擊挫敗。怒肉略露者，主其人個性急躁，常招是非官訟，又喜急進貪多而自招煩惱。如怒肉收藏不露者，主其人個性優良又有修養，事業上名利雙收，一生享厚福。

▲眼之外梢收藏如刀裁者，主其人很有才華，允文允武，有爲有守，文思快速，善於寫作，同時個性寬宏雅儒，乃非尋常之人，一生必有成就，又可得賢內助。

▲眼之外梢露出過大者，主其人有隱疾，好色而又刑妻。露出過小者，主其人有偏

好又懼內，常有是非口舌。外梢成圓形者，主其人欠誠實，喜弄是非，行事拙劣，每貽後悔又主有女禍。

▲眼之外梢上仰者（**非眼角上翹**），主其人英明多智，有大志，自尊心強，有領導能力，臨危不亂，有隨機應變的能力，最宜從事軍職或司法官，一生事業主奇貴而有賢名，其人對愛情亦作風明快，敢愛敢恨。

▲眼無前眥又無後梢者，主其人之眼多屬「豬眼」、「羊眼」、「狗眼」、「雞眼」、「蛇眼」之類，一生勞碌少成，多驚險凶厄，疾病破相，同時刑剋六親，處事每多失敗後悔。

▲眼之黑睛周邊有紅筋纏繞似火輪者，謂之「火輪眼」，主其人心性狠毒，有弒父犯上之心態，終必死於非命。

▲眼神強者，主其人除有富貴外，並享大壽。

▲眼神矇昧再偷視者，主其人有偷盜之嫌疑。

▲眼神昏如醉，再眼光流散者，謂之「淫眼」，主其人好色貪淫。

▲眼露凶光者，主其人必死於非命，三角眼、四白眼、上白眼、下白眼、一白眼者

更驗。

▲眼光流視，再加眉似柳條（即春心眉），滿面白嫩紅艷者，謂之「郎君面」，主其人自命風流，好色貪淫。亦主其人刑剋孤獨，婚姻不美滿。

▲眼睛黃，再加眉毛稀薄，面無四兩肉，面多青藍之色者，謂之「青雞面」，主其人心性狡猾刻薄貪婪，愈老愈孤寂貧窮。

▲眼睛凸露，山根年壽亦低陷者，主其人二十六歲、三十歲、三十二歲及三十五歲、三十七歲、三十八歲，防血光車禍之災。

▲眼睛凸露之人，如非因甲狀腺症狀所引至者，主其人個性反常又喜多言，耐力、毅力不足，對事物常有不單純的看法和想法。如再唇掀口翹者，不論男女，主其人寡情薄義，男性又容易招小人損財或盜賊劫財。

▲眼睛凸露，再眼眶內水光泛泛者，主其人四十一歲前後事業挫敗，並性命難保。

（註：眼內水光泛泛，乃腎水泛濫之徵。）

▲眼在轉動時才顯現凸露者，主其人個性暴躁，凶悍無情，事業少成。

▲眼露四白者謂之「四白眼」，不論男女主其人個性暴躁，心狠手辣，可作出弒君弒

父之事，亂世可發於一時。但好色貪淫刑剋六親，雖富貴不能善終。

▲眼雖非四白通見，但看來顯然黑睛過小者，主其人個性急躁，負氣任性，處事則貪多急進，輕率妄動，常弄巧成拙。

▲眼左右及上端露白者，謂之「上三白眼」，不論男女，主其人心性剛愎自用，野心頗大，目中無人，喜弄機智，心性奸詐，一生多成多敗，常遇凶險，刑剋六親，又欠孝心。

▲眼左右及下端露白者，謂之「下三白眼」，主其人心性狠毒凶惡，男主刑剋六親，離鄉奔走，貪淫好色，事業多成多敗。

▲眼之黑睛鬥於眼頭，而其他部位露白者，謂之「一白眼」或「鬥雞眼」「鬥角眼」，不論男女，性急奸猾，待人無禮，雖富貴也招凶災，必主短壽。如僅有一隻眼鬥者，謂之「瞟眼」，反主其人白手起家，可享高壽，事業亦主有或大或小之成就，但心性恃財而驕，陰險狡詐貪淫好色。

▲眼之黑睛鬥於眼尾者，亦謂之「一白眼」，主其人個性輕浮無信，狡猾奸詐，事業少成。**（註：以上之凸露眼、三角眼、四白眼、上三白眼、下三白眼、一白眼，如**

眉毛粗濃有緻，眉稜骨高起有覆者，可減免其凶災和不良個性。）

▲眼圓大再睛凸者，主其人勇悍難馴，個性剛愎躁急。

▲眼圓大神光又露者，主其人三十二歲、三十五歲、三十七歲、三十八歲、四十一歲防凶厄。或犯官非防極刑。

▲眼圓大再神壯光正者，謂之「虎眼」，主其人視死如歸，最宜從事軍職。

▲眼大而神光射人者，主其人鬥志堅毅，精力充沛，手法高超，活動力強，才華也高，勇於面對任何難關。其人眼中充滿震懾之靈動，因此，在社會上能做領導人物，但喜自由發揮，不喜拘束，事業發達頗早。

▲眼大之人，主其人個性爽直膽大，熱誠開朗，如再眼又有神，眉毛濃秀者，則主其人必享高壽。

▲眼大睛如黑漆者，主其人多才多藝，個性循良。

▲眼大黑睛又活潑溜轉者，主其人有孩子脾氣，持久力不足，在處人處事上表現欠成熟穩健，但學習力強，心地熱誠而無心機。

▲眼大而又四邊浮白者，主其人性情偏傲乖戾，常招女人口舌，內戚失和。

▲眼大再額頭窄小者，主其人學問不成，無祿促壽。

▲眼大而口如一撮者，主其人四十九歲有關限。

▲眼小之人，主其人個性保守膽小，器量亦小，才能低下，壽命亦短。但眼小藏神者，主其人心思細密，可做研究工作和財務工作。

▲眼小而黑睛深藏者，主其人不喜多說話，城府頗深，但持久力強。

▲眼小有神，再配額高鼻起，眉鬚鬢三輕者，主其人精明幹練，可貴可富，但發達較遲。（註：鼠眼亦眼小，但睛凸眼圓，黑多白少，光流視斜，低頭視物，瞳仁轉動迅速，意態徬徨。其人性懶，嫉妒心也重，雖聰明而不上進，自甘墮落之徒。）

▲眼睛圓小者，主其人心地善良，志向平凡，沒有野心慾望，安份守己，衣食無虞。如眼睛昏暗缺少神采者，則應防凶災橫禍。

▲眼睛圓小，再瞳仁黃色，白睛微帶青色，眼內滿佈紅筋者，謂之「蛇眼」，主其人奸詐毒辣，卑劣無恥，六親不認，利之所在，雖父母也視若路人。

▲眼睛圓小，但圓而露，或深而短者，主其人個性懶散，運程多舛，壽亦不長，如配惡眉者，主其人活不過四十三歲。

▲眼一大一小者謂之「雌雄眼」，或謂之「陰陽眼」，主其人母親懷孕時，精神不穩定，心理欠平衡，或父母感情不佳所導致。其人之個性喜怒無常，情緒不穩，老運不佳，富而多奸詐。

▲眼一高一低者，主其人個性不穩定，對事物之看法往往失之偏頗。

▲眼波成雙者（雙眼皮），主其人感情脆弱，易受感動，有時衝動，遇事拿得起放不下，但個性開朗熱誠。

▲眼波成單者（單眼皮），主其人冷靜沉著，忍耐力強，謀而後動，遇事拿得起放得下。但有時表現冷漠，待人不夠熱誠。

▲眼波成內雙者（即眼皮內雙），主其人感情理智平衡，處事圓通，面面俱到。又能體諒他人的看法與批評，對異性的感情亦能全心全意。

▲眼波成一單一雙者，主其人感情常處於自我矛盾之中，或有雙重個性，情緒必欠穩定。

▲眼之上眼波成直線者，主其人頭腦冷靜，判斷力強。上眼波成圓形者，主其人性情爽朗，易被人利用，眼波成雙者更驗。

▲眼內有紅筋纏繞者，主其人個性急躁剛烈，如再神光流散，鼻尖而鈎，或鼻樑不正者，則主其人既奸又惡。

▲眼內終年有赤脈縱橫者，主其人賦性凶惡，有殺人偷盜之心理傾向。

▲眼下淚堂有橫向之細紋，多而不亂，再加眼細而長，神光不露，主其人修仁尚義，心地光明，子孫繁衍，一生富貴，即使未致富貴，亦必能以學術技能名聞於世，善始善終。

▲眼下淚堂有井字紋者，主其人有自殺傾向，喉結有痣者更驗。（註：斜形井字紋乃陰騭紋主大吉）

▲眼下淚堂有川字紋者，主其人面善心惡，表面花言巧語，但腹藏奸計，欠缺惻隱之心及樂善好施之心，並好女色。

▲眼下淚堂有羅網紋者，主其人自身或父母祖先做過有損陰德之事，終身不榮，常有凶險。

▲眼下淚堂豐滿高起者，主其人性機能旺盛，又見識廣博，理解力強，分析事理清楚，處事老練，手法高明，待人接物，心平氣和，雖遇拂逆，亦鮮少發脾氣。但

淚堂虛腫成蠹肉狀者不可同論。

▲眼下淚堂豐滿者，主其人一生福壽又少災厄，或逢凶化吉，同時個性樂觀，內心充滿希望。

▲眼下淚堂乾澀無肉者，主其人心性狠毒，健康運程均欠佳。

▲眼下淚堂青暗，再加準頭肉少者，主其人心機深沉莫測，時思貪圖便宜。

▲眼下淚堂突有青氣橫陳者，主其人三日內有眼前之憂或災厄。

▲眼下淚堂氣色暗濁者，主其人事業不順，身心操勞過度，精神不濟。或是健康欠佳心腎不交，或是感情婚姻有變，或是內心有壓力感。

▲眼之下弦有薄黑之氣色者，主其人失眠或工作過度，或酒色過度精力透支。如眼之上下弦均出現薄黑氣色者，則主有不正常之男女關係，亦即有偏桃花。

▲眼之下弦飽滿（即臥蠶肉堆），中央部位又引上，再眼有含露者，謂之「桃花眼」，亦謂之「笑眼」，主其人溫柔親切，男女均主淫蕩。

▲眼之下弦常年赤紅色者，主其人喜爭是非，心火過旺。

▲眼上之田宅宮寬廣豐腴者，主其人精力旺盛，消化功能及吸收功能均強，心性仁

厚，能獲得長上賞識提拔，異性緣亦強，婚姻易成。如凹陷肉薄者，異性緣少，婚姻難成，又難獲長上賞識提拔，如係影藝人員，則難獲得捧場，上眼瞼肉色汚濁者尤驗。另上眼瞼肉色汚濁之人，身心必欠健康，睡時易做夢，或係縱情色慾之人。

▲眼上之田宅宮特別高廣者，主其人頗有修養，頗有學問，持心平正，有宗教觀念。但務實精神差，又少營利觀念。

▲眼上之田宅宮中央有痣斑者，主其人個性聰明幹練，但喜貪婪，同時象徵其父母有消化系統疾病，並已遺傳給自身。

▲眼上之田宅宮狹窄者，主其人個性急，處事積極，有時難免輕率，但進取心強，頗有知識，觀察力敏銳，務實觀念強，營利觀念亦強，有時重利而輕義（例如歐美人氏）。

▲眼角之魚尾紋一上一下形如剪刀狀者，主其人個性偏執倔強。

▲眼角之魚尾紋青少年時即有者，主其人命帶勞碌，性情奸詐，壽命不長。

▲眼角之魚尾紋過於龐雜者，主其人情慾重，好色貪淫，很難做到清心寡慾，並多

愁思。

▲眼角之魚尾紋中年以後尙無者，主其人不是不求長進，終日無所事事，很少用腦，即是好色貪淫之人。（註：「皺」與「紋」不同，皺是皮膚收縮，乃是一種老化現象，紋是因內分泌作用而形成，內分泌正常者，則面與手掌出現吉紋，內分泌不正常者，則面與手掌出現凶紋。假如吾人不常用腦思考問題，則腦的活動減少，面上手掌亦因此不會出現紋理。但過於勞碌或腦子亂動的人，同樣也會出現過多不好的雜紋。）

▲眼尾上翹者，主其人個性豪邁，不拘小節，不善修詞。

▲眼尾出現赤脈接近瞳孔者，乃災禍之預兆，赤脈穿過瞳孔者，主災禍即將發生，白睛全紅者，亦主意外災害之預兆。（註：赤脈貫睛係肇因肝肺相火之故，因肝肺火氣上昇，使腦壓過大，導致事物之判斷錯誤，或因肝肺相火，導致脾氣變壞，故易發生災禍。又赤脈貫瞳分爲兩種，由眼尾橫貫入瞳者，主凶死，由上或下直貫者，主危險傷殘。）

▲眼瞼跳者，左主有吉，右主有凶，男左女右。

▲眼之黑睛帶黃色，白睛又有紅筋纏繞者，主其人個性急躁偏執，惡毒奸詐，貪多急進，易犯官非。

▲眼之黑睛帶赤色，再加翳膜帶黃色者，主其人個性極端暴躁易怒，終遭橫禍。

▲眼之黑睛呈淡咖啡色（即茶褐色）者，主其人熱誠爽朗，有或多或少之才華，但行事略嫌輕率。

▲眼之黑睛呈金黃色，睛又凸露，但白睛貫神者，主其人爲勇猛之人。如頭角再崢嶸者，謂之「虎眼金睛」，主其人亂世時可大貴，如在軍中發展可立戰功。

▲眼之黑睛帶黃色，睛又凸露，白睛又灰暗者，主其人患有顛狂之症。

▲眼之黑睛灰暗，眼神又不足者，主其人短壽，如再白睛如泥者，主壽命不過二十五歲。

▲眼之白睛先天呈紅色，再加黑睛似金黃色者，謂之「火眼金睛」，主其人個性狠毒，有取人性命吸人骨髓之心，爲人處世，六親不認，逆倫犯上，面呈黑色者尤驗。

（註：此乃基因突變所致，例如白蛇、白象、白鼈、白猴等動物，均爲基因突變所致。）

▲眼白睛昏濁，黑睛帶黃色，再加眉亂者，主其人死於戰亂兵災。

▲眼之白睛帶青藍之色，眼神又弱者，主其人身有隱疾，或患有神經衰弱之症，又應注意水驚。（註：十五歲以前之少年人或幼兒不忌）

▲眼之白睛帶赤紅色，再加聲音沙啞者，主其人應防火厄。

▲眼之白睛忽變紅色，面色又赤紅者，謂之「朱雀色」，主其人即將有官非或禍事發生，以不與交往爲宜，以免連累。

▲眼之白睛常帶黃滯色者，主其人寒濕生痰，乃好色貪淫之人。如白睛過黃者，爲肝膽有病。

▲眼形惡再加眉壓眼，山根又低陷者，主其人個性不良，有牢獄之災，而以三十二歲之年機率最大。

▲眼內有痣者，主其人非常聰明幹練，但中年有是非損財，同時主其人內臟器官有隱疾。

▲眼如含露（水汪汪樣），上弦下弦均眼波成雙，眼常左右轉動，表情諸多者，不論男女，主其人好色貪淫，未語先笑者更驗。女性再髮黑又濃者，必爲娼妓。

▲眼形如雞之眼睛者，主其人好色，同時有偷竊習性。（註：雞眼形圓小，睛淡黃，慣作瞪視，甚少瞬動，性急貪色。）

▲眼浮又露睛者（即眼珠如懸空之狀），主其人事業縱有小成，四十歲前後難逃一死，甚或獄亡。

▲眼之瞳孔過大者，謂之「散瞳」，主其人感情豐富，但情緒不穩定，同時腎水不固，當其浮光之時，即死期至矣。但臨時受刺激驚嚇或女性月經來潮時，瞳孔因而放大者不論。

▲眼之瞳孔小者，謂之「聚瞳」，主其人身體健康，事業順利，如瞳孔散大者，不是身體健康有問題，就是事業不順利。

▲眼之黑睛上端有部份被白雲遮蓋者，主其人中年敗業，或是非官訟，一生中並有意外驚險。如上下左右均有白雲遮蓋者，主其人一生難成事業又不善終。

▲眼與眼之間距離過近，構成山根狹小者，謂之「日月爭輝」主其人好勇鬥狠，個性急躁，易招小人，鄰居不睦，亦主六親感情空疏。如兩眼距離過寬者，主其人性格怪異，如再山根又低者，則處事不積極，動作比常人慢半拍。

▲眼在沉睡時張開者，主其人有神經質，腦力超載，或腸胃機能欠佳，不得善終，聲音破鑼者更驗。（註：眼在沉睡時張開者，主其人神經和脾胃不健康，消化系統氣弱，而不能貫注於上眼瞼。）

▲眼之睫毛過長、過粗者，亂世主貴而好淫，盛世不貴而又勞碌。男性睫毛以柔細而短主吉，盛衰均主清閒而多福祿。

▲眼之睫毛天生即無者，主其人應防火厄，鼻色紅黑時即驗。

▲眼與眉相連者，主其人性喜嫉妒，狡猾奸詐，並剋長子。

▲眼頭上方「精舍」「光殿」寬平飽滿者，主其人先天胸腔乳房功能良好，後天胸襟寬廣，包容力強，決斷明快，個性爽朗。如氣色暗滯者，主其人內心有壓力感，胸腔血液循環不良，或胸腔神經作痛。

▲眼形三角形起自眼頭，再眼神強，眉毛又粗濃有覆者，謂之「龍虎得配」，主其人個性剛正，精明幹練，有爲有守，敢做敢當。事業有大成，乃大貴之相格。

▲眼之三角形起自眼頭，再眼神強者，謂之「有神三角眼」，主其人有或大或小之成就，但心性奸詐，缺少情義，刻薄寡恩，如眉毛輕淡不配者，主其人中年事業失

敗，或招牢獄之災，又主其人刑剋妻兒，並不得善終或短壽。
▲眼之三角形起自眼上弦之中段者，主其人工於心計，忘恩負義，難成大器。
▲眼之三角形起自眼下弦之中段者，謂之下三角眼，主其人有藝術天才，可從事工藝美術工作。
▲眼形三角再加「吊喪眉」者，主其人雖有小富貴，亦心性不良，待人處事，奸險狡詐。
▲眼睛深陷者，主其人欠缺公關才能，口才不佳，不善推銷自己，但毅力強韌，處事能貫徹始終。（註：眼睛深陷乃元氣不足之徵）
▲眼在死前（正常病死）之七日內之眼神，與七日內之初生嬰兒眼神相似，有呆滯似脫之象。
▲眼閉而後語或俯而後語者，主其人死無葬身之地，或遭凶險而亡。
▲眼看人時左右飄搖不定者，主其人猶豫心重，作事無主見。
▲眼冷眼看人，再目光冷峻，面色黝黑者，主其人心性冷靜、冷漠、冷酷、毒辣，常做出損人利己的勾當。

▲眼在看人時，習慣從腳看到頭者，主其人猜疑心重，性傲而偏，常招人厭惡，但最宜擔任刑事偵查工作。

▲眼在看人時，顧上覷下者，主其人遇事猶豫不決，瞻前顧後。

▲眼在與人對談時而急速轉動眼珠者，主其人乃奸小虛妄之人。

▲眼在與人對談時不望著對方者，主其人多猜疑心，並私慾甚重。

▲眼常上視者，主其人優柔寡斷，意志不堅，又自傲多疑。

▲眼常下視者，主其人多陰險奸詐，個性倔強頑固。

▲眼近視者，主其人視神經衰弱，性急主觀，兄弟姐妹不和少助，但喜學問多研究，亂視者同論。

▲眼遠視者，主其人智慧高，如五官配合良好又主發。

▲眼斜視者，主其人異常淫亂，並存嫉妒心態。

▲眼偷視者，主其人好淫，個性狡猾多疑，處事則欠良策。

▲眼連續眨動者，主其人心有城府，老謀深算，再斜視者，則主口是心非，話多虛妄，待人接物，警覺性高。

▲眼半開半合者，主其人個性愚蠢。

▲眼旁之奸門平闊無瑕疵者，主其人個性耿直，心地光明，而少淫邪之念。

▲眼之四週終年氣色暗黑者，主其人酒色夾寒，德行不好，自身及家運不順。

▲眼之四週終年黃明紅潤，眼下有陰騭紋者，主其人積有陰德，男則運程通達，女則生貴子，同時遇凶不凶，遇險不險。（註：有關陰騭之道理及眼神之觀看法則請參閱拙著《氣色大全》第七章、第八章、第十章。）

▲眼要濕而乾，「濕者」指黑睛及白睛均有濕潤之感，主其人腎水既不枯竭亦不泛濫，「乾者」指眼眶內不可有水汪汪之感，如有水汪汪之感，主其人腎水泛濫，必好淫短壽。

▲「相不獨論」，當論斷眼之相理休咎時，請參合其他部位綜合論斷之。

●女性眼相之獨特相理休咎

▲女性眼長眉秀，眼神明媚，聲音清脆，山根隆起，奸門豐滿，雙顴隱圓，主其人必配富貴之夫並生貴子。再加眼睛黑白分明，鼻準豐圓，鼻翼有收，唇紅齒白者，

主其人不但配貴夫，生貴子，並自出嫁之日起相夫旺子終身。

▲女性眼若辰星，唇如塗硃，手綿手暖，威嚴厚重，雖面貌醜陋，亦主夫貴子榮。

▲女性眼大眉粗爲帶剎，主其人夫妻剋離，一嫁再嫁。遲婚者減半論。

▲女性眼有鳳目者，主其人必嫁貴夫，子女亦貴顯。（**註：女性子星在眼**）

▲女性眼細而長，秀而正，黑白分明，再加新月眉，六府豐腴者，主其人子女成群並優秀，又享高壽。

▲女性以眼爲夫妻關係之「情緣宮」，眼大者配偶亦宜眼大，眼小者配偶亦宜眼小，女眼有雙波（**即雙眼皮**）者，配偶亦宜有雙波，女眼單波者，配偶亦宜單波，如此配婚，夫妻情緣必長必久，乃上上之絕配。如情緣宮不相配，而夫妻情緣長久者，則夫妻一方之眼波一定有變，例如夫或妻之雙眼波變爲單眼波或變爲內雙眼波，形成夫妻眼波一致。反之，眼波原係一致而變爲不一致者，則夫妻情緣一定變壞。（**註：其他有關男女配婚法，請參閱蕭湘相法下册《男女形相配婚篇》。**）

▲女性眼神要有三分嬌媚（**非艷光**），但要嬌而有威，媚而有態始吉。

▲女性眼神有神靜、神藏、神和之相者，主其人身心兩健，賢淑溫良，持家有方，

夫妻恩愛有加，並旺夫興家，子女優秀。

▲女性眼神濁，再加腮骨過露，命門過凸，頭髮過硬，腰圍過大者，主其人刑剋丈夫。

▲女性眼神露者，主其人應防產厄。

▲女性眼無神者，主其人應防產厄。

▲女性眼光神縮，白睛赤紅，眼下有青紫氣色者，主其人家庭不和，夫妻反目。如未出嫁之女子，則主愛情不順。上述情形再加命門發暗，口角有青氣色者，則主有自殺之傾向。

▲女性眼光銳利，再加鬢髮多而漆黑，口唇肥厚，地閣圓厚者，主其人好淫剋夫。

▲女性眼有艷光又太過美麗，或眼神混濁又太過醜陋者，均主其人剋夫或離異。

▲女性眼之黑睛帶黃色，白睛昏濁，再加眉毛紛亂者，主其人婚姻不美滿，剋夫或離異。

▲女性眼睛大，眼波外雙者，主其人有藝術方面的才華，個性爽朗大方，在社會上活動力不輸異性。但個性不穩定，脾氣說來就來，往往感情用事。因此，婚姻欠

美滿，離婚者居多。

▲女性眼睛大，但眼形秀長，眼波內雙者，主其人個性溫惠嫻靜。

▲女性眼大又圓，再馬面者（即面長），主其人一生奔波勞碌，難享夫福，如再眉疏項細，則主貪淫並嫁爲妾。

▲女性眼大浮光，再口大無收，蹙眉掀唇者，主其人喜弄是非個性貪淫，並刑剋丈夫子女。

▲女性眼大，再眉毛粗橫者，主其人從事軍職大有成就。

▲女性眼大顴高者，主其人必奪夫權，牝雞司晨。

▲女性眼大額高，再顴骨粗者，主其人剋夫孤苦。

▲女性眼小，再神濁者，主其人心胸狹窄，一生貧賤，難享夫福子福。

▲女性眼小，再加鼻尖口尖者，主其人不守婦道，貪淫偷情。

▲女性眼小，眼眶又圓者，主其人有產厄並促壽。

▲女性眼小，但眼形美好者，主其人誠實又守本份，處事有持久力，最宜擔任財務會計等定型又細心的工作。

▲女性眼小，眼形相理又不佳者，主其人個性懶散，短壽產厄。
▲女性眼睛一大一小者，主其人心情矛盾不服輸，善察言觀色，但有神經質傾向。如左眼小者，主其人一生為夫勞，右眼小者，主其人畏夫亦剋夫。
▲女性眼尾垂下者，主其人對異性之吸引力及蠱惑力均強，同時好淫，婚姻不美滿，非離即剋。
▲女性眼尾垂下再加額高者，主其人夫妻剋離一嫁再嫁。
▲女性眼尾之上下弦氣色汚濁者，主其人性冷感難生育。
▲女性眼尾之魚尾紋多，再眼大又眼有雙波者，主其人容易有婚外情。
▲女性眼尾上翹者，主其人主觀意識強，個性囂張，婚姻難得美滿，非離即剋，但非常聰慧。
▲女性眼尾之魚尾紋過長又垂下者，主其人背夫逃走。
▲女性眼尾之魚尾紋過多過長者，主其人犯孤神，剋夫孤苦。
▲女性眼尾之魚尾紋上拂天倉者，主其人個性倔強，自我意識太強，個性男性化，欠缺女人味。

▲女性眼尾有赤脈貫睛者，主其人應防產厄或車馬安全。

▲女性魚尾氣色瑩靜潤澤者，主其人當屬處女之身（眉毛聚附貼肉者更驗），如氣色忽呈嫣紅色者，主其人婚姻緣動，或近日失身。已婚女性魚尾氣色略暗。

▲女性奸門豐滿又不過寬者，主其人善於誕男，子女優秀賢良。

▲女性奸門深陷者，再加山根低，顴高聲破，主其人婚姻非離即剋，夫緣屢變。

▲女性奸門凸露再加眼光流射者，主其人剋夫，早熟多淫。

▲女性奸門過寬者（超過三指寬度），主其人夫緣屢變，婚姻不美滿。（註：此爲女性小腦分泌男性荷爾蒙過多之徵，主其人個性男性化，事業觀念重於家庭觀念，同時貞操觀念淡薄，故影響其婚姻。）

▲女性奸門有黑氣色籠罩者，主其人個性好淫，刑夫剋子。奸門青黑同現者則主離異。

▲女性右邊奸門、魚尾一帶生黑痣黑子者，主其人剋夫。左邊奸門、魚尾一帶生黑痣黑子者，主其人淫蕩。

▲女性眼下淚堂有陰騭紋者，主其人旺夫興家，並生貴子，子女有成。但淚堂肉實

又厚者，主其人善於誕女，並優秀有成。

▲女性眼下淚堂一帶青黑混穢者，主其人貪淫好色。色深黑者，則主淫蕩，家運不佳，剋子刑夫。如再手軟綿無骨者，主其人必然紅杏出牆。

▲女性淚堂深陷者，主其人即不剋子，亦主中年與子女分離。

▲女性眼下有羅網紋者，主其人剋離再嫁。（註：羅網紋爲橫紋直紋交織成網狀故名之。）

▲女性眼下有直紋者（名哭子紋），主其人尅子並有產厄血光之災。

▲女性眼下突現青脈者，主其人丈夫有厄。孕婦眼下有赤紅色者，主有產厄。

▲女性眼下有疤痕者，主其人剋子女。（男左女右）

▲女性眼之下弦生黑子者，主其人生貴子，並疼愛子女。

▲女性眼之下弦無欄（即臥蠶不起）者，主其人剋子刑夫，下弦外翻者尤甚。

▲女性眼下臥蠶（即下弦）肉堆者，主其人異性緣重，性慾強。臥蠶平滿肉實者，性慾正常，善於誕男。臥蠶深凹血枯者，主其人性冷感難受孕。

▲女性眼上之田宅宮及淚堂飽滿豐腴，再加顴骨隱圓者，主其人家族觀念重，家庭

及夫妻生活均美滿，未婚者婚姻易成。

▲女性眼上之田宅宮及淚堂虛腫者，主其人夫婦感情不睦。

▲女性眼上之田宅宮及淚堂青氣盈盈者，主其人夫有災厄。

▲女性眼上之田宅宮凹陷者，主其人戀愛欠順，婚姻難成，如再顴高者，即使結婚，亦主其人家庭及夫妻生活不美滿，甚或離異。有痣斑痘痕者減分論。（註：田宅有傷疵乃漏電之徵，而肇致電能不聚，故難與異性來電。）

▲女性眼上之田宅宮如有嚴重傷疵者，主其人戀愛不順，婚姻不美。

▲女性眼上之田宅宮過於窄小者，主其人縱有才智，亦少婦德。

▲女性眼上之田宅宮過於高廣者，主其人熱誠爽朗，心直口快，欠大智慧、大才華，有男性的志向和心性，婚姻不美滿。

▲女性眼斜視、上視、下視、偷視者，主其人心性欠仁厚，貪婪無厭，喜存私房錢，同時欠貞操觀念，乃孤獨之相。

▲女性眼露四白，並帶赤脈紅筋者，謂之帶「殺劍」，主其人心毒性悍，有毒夫殺妾之傾向。否則必剋夫刑子，自身壽命亦短，並主產厄。

▲女性眼露三白四白者（不論上下三白），主其人刑夫剋子及產厄，同時心性不良不孝。

▲女性眼形三角者，主其人性陰沉，心機多，雖富貴，亦主夫妻不睦，非離即剋。乃孤獨之相，眉毛清秀者減半論。（註：尅離之年多在三十二歲、三十五歲、三十七歲、三十八歲、四十一歲、四十四歲、四十八歲、五十歲。）

▲女性眼睛深陷者，主其人心惡不仁。如再眼睛又圓又大者，則主一嫁再嫁。

▲女性眼睛深陷，又黑睛帶黃色，白睛又有紅筋者，主其人心性急躁偏執，剋子刑夫。

▲女性眼睛露又眉黃者，主其人剋離再嫁，並防產厄損胎。

▲女性眼睛露又睛黃者，主其人心性不良，狠毒陰險，人瘦膚白之人尤甚。

▲女性眼睛浮露（即眼珠搖晃），再加口反者，主其人應防產厄血光。

▲女性眼凸露者，如非甲狀線症所引至者，主其人易損胎產厄。

▲女性眼凸露再加顴露者，主其人產厄剋子。

▲女性眼凸露再加聲粗者，主其人婚姻不美滿，非離即剋。

▲女性眼圓睛凸又露白者，主其人剋夫刑子，並防產厄。

▲女性眼不哭而流淚者，主其人婚姻不美滿，不剋即離。

▲女性眼形惡劣再加面方者（即金面），主其人常常招惹是非，刑夫剋子。如夫妻宮相理再不佳者，嫁即剋夫。

▲女性眼睫毛過長過多者，主其人個性驕傲，婚姻欠美滿。睫毛過短過少者，則主其人個性冷漠，熱情不足。睫毛凌亂者，主其人個性欠優良不穩定。

▲女性眼睫毛不多不少者，主其人聰明靈活，頗有藝術方面的興趣和才華。

▲女性眼無睫毛者，主其人性格怪僻，聰明過份，有時失之狡猾，對下一代遺傳不良，畸型兒比例高。

▲女性有瞇縫眼，再加魚尾紋長，眼珠帶黃色者，主其人心性狡猾貪淫。如再眉不蓋目者，主其人婚姻非剋即離。僅有瞇縫眼者主奸詐。

▲女性眼中生痣者，主其人聰明幹練，主有小成，但拖累夫運，嚴重者有淫亂傾向，婚姻不美滿，中年亦主失財。

▲女性眼有「狼顧」（即行路時快時慢並常回頭）之習慣者，主其人心性狠毒、陰險

狡詐、刑剋六親，孤獨之相。

▲女性有桃花眼者（即笑眼），主其人待人親切，最宜擔任公關及外勤工作。

▲女性有桃花眼，再配柳條眉（即春心眉）者，主其人水性楊花，淫賤之至。

▲女性黑睛略帶褐色者，主其人比黑睛靛黑色者，身體健康。

▲女性黑睛呈黃色，而面貌又秀麗者，謂之「帶刹」，主其人剋子刑夫，應防產厄，遲婚者減半論。

▲女性眼之上弦平直，下弦中央垂下形成倒三角形者，主其人寡情薄義，生理期間並有發狂傷害丈夫的心態。

▲女性眼頭斜上指向印堂者，主其人個性凶殘，有殺夫毒妾之心態。

▲女性眼豎眉粗者，主其人「犯孤神」，剋夫刑子，女又主孤苦。

▲女性眼在對話時視下者，主其人心理欠健康，憂鬱寡歡。

▲女性眼在對話時含情脈脈者，主其人淫亂多情。

▲女性有「羊眼」者，主其人貪淫孤獨。

▲女性懷孕時（以三個月後爲準），眼下臥蠶淚堂及左掌均紅中泛青，臉色不泛紅者，

主其人生男，如眼下臥蠶淚堂泛紅及右手掌紅中泛青，臉色又泛紅者，主其人生女。

▲女性眼有「重瞳」者，主其人極端淫賤。

附註：女性之眼除上述之獨特相理及休咎外，其他一般性之相理及其休咎與男性同論，但有關男性眼相獨特之相理及其休咎例外，因男性屬陽，女性屬陰，故在休咎解釋上有所不同，讀者不可不察。

眼各部名稱圖

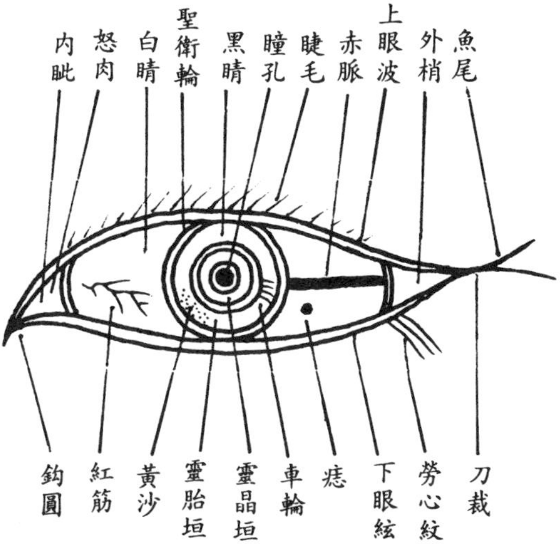

（本章所繪之眼圖，以《神相全編》所記載者爲準，讀者作印證時，千萬不可拘泥，只印證其特徵即可。）

各式眼相圖(一)

龍眼

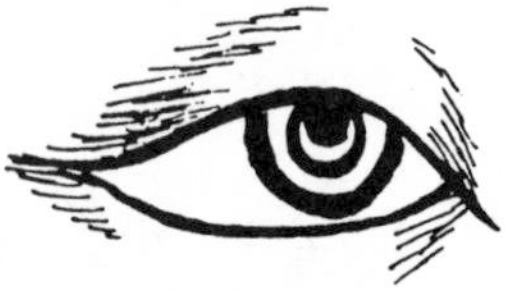

「龍眼」爲男性最佳之眼，其特徵爲黑白分明，神采奕奕，眼有眞光，眼波成單但波長，下弦豐厚有欄，主其人天縱英明，大貴特貴。

鳴鳳眼

「鳴鳳眼」的特徵爲黑睛如漆，黑白分明，眼神藏而不露，眼波內雙，前眦鈎圓，後梢刀裁。男主大貴，女主一品夫人，此爲女性最佳之眼。

伏犀眼

「伏犀眼」的特徵爲眼大長圓，黑睛大又黑亮如漆，眼波內雙，神強神藏。主其人心性仁慈，智高量宏，能領袖群倫，終必大貴，福禄壽三全。

丹鳳眼

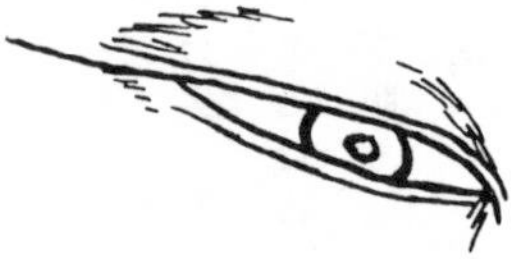

「丹鳳眼」的特徵爲眼形細長，斜上天倉，眼波內雙，黑睛隱藏眼內，但神光逼人，主其人忠義大貴。

各式眼相圖(二)

瑞鳳眼

「瑞鳳眼」的特徵爲眼角齊整，黑白分明，黑睛藏神，眼波成雙。主其人個性嫻逸文靜，男主文貴，女主夫人。

睡鳳眼

「睡鳳眼」的特徵爲眼形細長，睛大而藏神，眼波成雙，瞻視平正，氣度華貴。主其人氣量大又賦性正直。男主富貴雙全，女主夫人。

虎眼

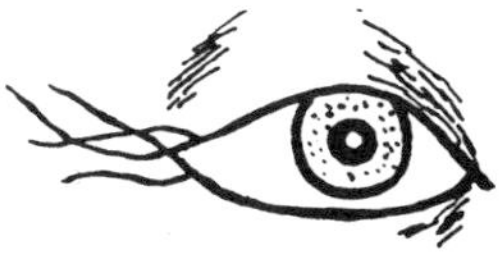

「虎眼」的特徵爲眼大單波，黑睛呈金黃色而有威，瞳仁時短時長。主其人如額角崢嶸（虎額），必主武職大貴，性剛毅果斷，但晚年剋子。

獅眼

「獅眼」的特徵爲眼大露威，黑白分明，眼上下均有雙波。主其人個性狂急，但心地仁厚，不貪錢財，如配虎眉，可大貴特貴。

各式眼相圖㈢

猴眼

「猴眼」的特徵爲黑睛上仰，狂痴流視，上眼波高聳，下眼波成雙，眨眼頻頻又迅速。主其人心機深，多疑多詐，配猴相者大貴，否則事業多成敗

鹿眼

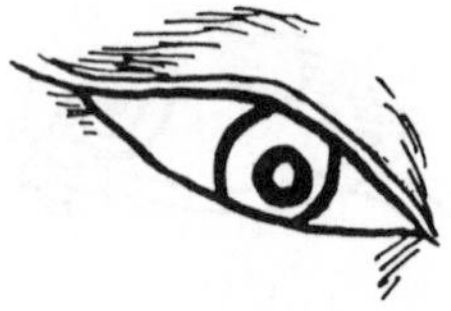

「鹿眼」的特徵爲黑睛清澈見底，眼波成雙又長，眼神強而不露。主其人性急而剛，但重情義，事業有成可貴可富。

牛眼

「牛眼」的特徵爲眼大睛圓，眼波內雙。主其人問富不問貴，甚至大富，一生事業平順到老，福壽雙全。

熊眼

「熊眼」的特徵爲眼睛長圓，眼波外雙，與豬眼相似。主其人勇敢愚魯，性情偏執，好勝逞強，貪多急進，有犯罪心態，難有善終。

各式眼相圖(四)

馬眼

「馬眼」的特徵爲眼皮寬鬆，睛小微露，終日眼眶有淚濕感。主其人爲人忠直無詐，一生奔波勞碌少成，並刑剋妻子。

象眼

「象眼」的特徵爲眼形細長視下神昏，上下眼波多重。主其人個性溫和，動作遲緩，處事被動，有大壽但事業平平。

狼眼

「狼眼」的特徵爲眼露下白，黑少白多，又名下白眼，其黑睛黃色，常低頭反顧，蹙眉而視。男主刑剋奔波，女主產厄，性貪好色，不得善終。

豬眼

「豬眼」的特徵爲黑睛黃色，黑睛白睛朦朧不分，眼波特厚，眼內有紅筋。主其人既愚又凶，心術不正，事業少成，多死非命。

各式眼相圖(五)

羊眼

「羊眼」的特徵爲眼眶短小，眼露四白，又名四白眼，黑睛淡黃，瞳仁如紗，眼光上視外露，主其人性淫亂又好勇鬥狠，雖富貴不得善終。

貓眼

「貓眼」的特徵爲眼圓又大，黑睛黃色，白睛路帶水藍色。主其人個性外表溫順，內心急躁，會甜言蜜語，常口是心非，事業問富不問貴。

蛇眼

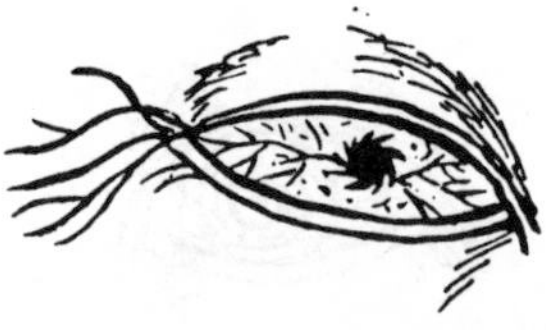

「蛇眼」的特徵爲黑睛圓小色黃，黑睛中有紅砂，白睛帶青佈滿紅絲，轉動時黑睛近下，又名上白眼。主其人狠毒刑剋，爲非作歹，不得善終。

桃花眼

「桃花眼」的特徵爲眼波成雙，下弦豐滿，眼中含露，略有斜視，逢人未語先笑，故又稱笑眼。主其人異常聰明，待人親切，不論男女均淫蕩。

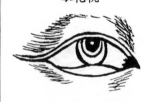

各式眼相圖㈥

醉眼

「醉眼」的特徵爲黑睛小色黃神昏，鬥向山根，與上白眼鬥角眼有三分相似，白睛佈滿紅絲而黃濁。主其人心朦無能，貪酒縱慾，事業難成。

火輪眼

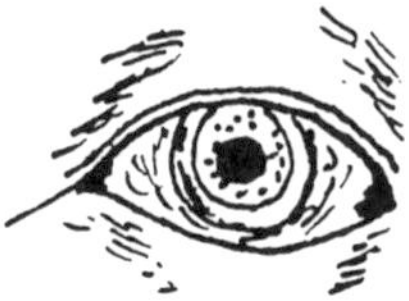

「火輪眼」的特徵爲眼有雙波，眼大神昏，黑睛週邊佈滿紅筋似火輪一般。主其人性暴心毒，有弒父犯上之心態，終必死於非命。

孔雀眼

「孔雀眼」的特徵爲眼有雙波，眼尾斜上，黑睛略偏山根又清澈明亮，白睛呈青色。主其人可貴可富，性正直清廉，一生少災，夫妻恩愛。

鶴眼

「鶴眼」的特徵爲上弦雙波，下弦單波，前背鈎圓，後梢刀裁，眼秀神藏，黑白分明。主其人性徐量寬，志向高尚，配鶴形體可大貴，並高壽。

各式眼相圖(七)

鵲眼

「鵲眼」的特徵爲眼波內雙，眼形細長眼尾上揚，黑白分明有神。主其人個性忠良，作風信實，發達頗早，一生事業平順到老，有中等富貴。

雁眼

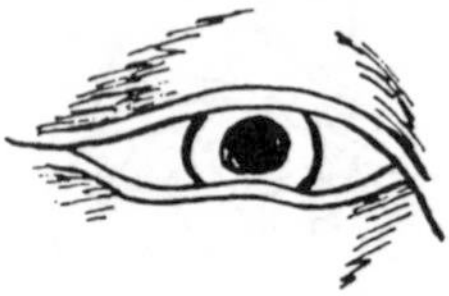

「雁眼」的特徵爲黑睛帶金黃色，上下眼波均爲內雙。主其人處人處事，循規蹈矩，頗重仁義，事業有中等成就。

鴛鴦眼

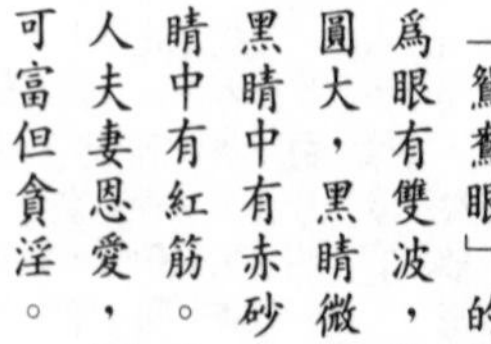

「鴛鴦眼」的特徵爲眼有雙波，眼睛圓大，黑睛微露，黑睛中有赤砂，白睛中有紅筋。主其人夫妻恩愛，可貴可富但貪淫。

鷺鷥眼

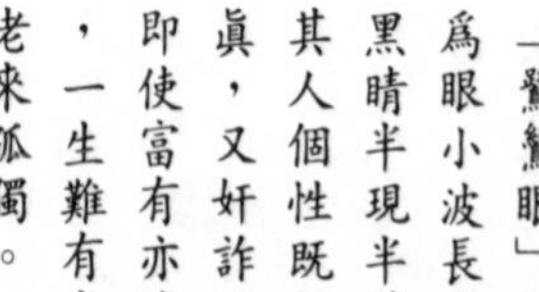

「鷺鷥眼」的特徵爲眼小波長成雙，黑睛半現半藏。主其人個性既循良天眞，又奸詐狡猾，即使富有亦復貧窮，一生難有成就並老來孤獨。

各式眼相圖(八)

燕眼

「燕眼」的特徵爲眼波內雙，黑白分明，黑睛帶赤紗，睛小而略近山根，瞻視昂然。主其人性機警，守信諾，重名譽，發達早，一生衣祿週全。

魚眼

「魚眼」的特徵爲眼睛圓小，前眦無鈎，眼尾無梢，黑睛外露，痴呆無神，眼眶有淚濕感，主其人多病早夭。

蟹眼

「蟹眼」的特徵爲上眼弦下墜，眼睛圓露，故又名金魚眼。主其人大多有亂視，斜視，散光等視力故障，心性愚頑，生平難有成就。

蝦眼

「蝦眼」的特徵爲黑睛小，四週略露白與四白眼相似，但眼波內雙。主其人心性勤勞急躁，晚歲雖榮但不壽。

《四》

鼻

●鼻之部位特性

先賢曾國藩云：「邪正看眼鼻，眞假看嘴唇，功名看氣概，富貴看精神，壽夭看指爪，風波看腳跟，若要看條理，盡在言語中。」鼻子除了觀看其心性之邪正外，更重要的相理意義是鼻爲吾人一生健康的縮影。根據中醫針灸鼻針圖解，小小的一管鼻，竟與吾人體內除腦以外所有五臟六腑均有經絡聯屬關係。試觀一個健康長壽的人，無不具有一管好鼻，反之，一個健康不良或夭壽的人，他（她）的鼻子一定氣勢不足，並在相理上有嚴重瑕疵。

筆者的閱人經驗是「問財在眼，問富在鼻」。前者言「財緣」之廣狹要看眼睛相理之良窳，後者言「聚財」之多寡則要看鼻子相理之優劣。凡眼睛相理不佳之人，「財緣」必欠廣大，賺大錢的機會少之又少，不論理財手法如何高明，亦難積聚大財富。同樣道理，凡鼻子相理不佳之人，雖賺到了大錢，也因欠缺理財方法而難積聚大財富。先賢將鼻準稱爲「財星」，但「財庫」則在兩鼻翼又名「諫台」「廷尉」二部位，凡守財有方偏財橫財機會多的人，諫台、廷尉二位必圓厚有收。

「問貴在額」，但「問官在眼」，「問職在鼻」，「問權在顴」。額頭眼睛相理同佳的人，其最終官職的高低，則要以鼻子相理好壞爲斷。因爲鼻子爲意志力、行動力堅強與否之表徵，缺乏意志力行動力的人，雖然思維發達，眼光敏銳，但在人生戰場上仍是有所不及。鼻子代表官職的高低，顴則代表權力之有無，鼻子與顴相配者必主有職亦有權。

鼻爲「夫星」亦爲「妻星」，鼻之相理無缺陷瑕疵者，男可娶得賢慧又貌美之妻，女可嫁得有成就又英俊之夫，因此，沒有任何一位達官富翁及其夫人的鼻子是凹塌曲勾的，尤以女子縱有花容月貌，如果鼻子長得不好，也覺失色。

爲何鼻之相理美好，男就可以娶得貌美賢妻，女就可以嫁得富貴丈夫呢？原因是吾人之五臟六腑有如一部機器已於前述，內臟器官優良者，機器性能必佳，所放射的電質素必強，馬力必大。內臟器官欠優良者，機器性能必差，所放射的電質素必弱，馬力必小。而男女兩性之聚合均繫於彼此間體內所放射的電質素的大小強弱爲斷，電質素大者強者必與大者強者「相正吸」「相和合」，電質素小者弱者必與小者弱者「相正吸」「相和合」（**即彼此仰慕來電之謂**）。反之，電質素大者強者與小者弱者「相負吸」

（即一方單戀之謂），或「相排斥」（即彼此不來電之謂）。因此之故，世間男女婚姻數十億對，鮮少發生「烏鴉配鳳凰」之事。如按照宿命論的說法，這就是命中註定，然而人相學是不相信宿命論，故筆者提出電質素「相正吸」「相負吸」「相和合」「相排斥」之說加以印證。但男女雙方必須彼此均處於「婚姻正緣期」，其來電才是「眞性來電」，結婚後才會白首偕老。如男女雙方或一方處於「非婚姻正緣期」，其來電乃屬「假性來電」也，遲早仍會離婚。過去在封建時代的男女婚姻大事，均係憑媒妁之言，或買賣婚姻，甚至指腹爲婚，完全沒有經過「仰慕」「來電」的心路歷程，而古人的婚姻仍是成功的多，失敗的少，原因何在呢？筆者認爲古人婚姻成功的原因乃在於「周天命運」所致，因爲封建時代的周天環境，合理婚姻固屬合理婚姻，不合理婚姻也是合理婚姻。個人命運是絕對拗不過周天命運的，但婚後感情必定不佳。

鼻爲肺之靈苗，鼻之通塞可知肺之虛實，故鼻在五官中稱爲「審辨官」。鼻之準頭與脾臟相聯屬，脾在五行中屬土，故鼻在五星中稱爲「土星」。又鼻居於面龐之中點，象徵五嶽中之中嶽，故鼻稱爲「中嶽」。鼻與顴之關係猶如「君與臣」之關係，故鼻不宜孤峰獨聳，顴不宜高過於鼻。又鼻爲自己，顴爲他人，爲兄弟，爲朋友，爲家庭，爲社會，鼻顴不配，絕非吉相。先賢鐵關刀云：「鼻之氣由顴來，顴之氣由鬢來，鬢之氣由命門來，命門之氣由耳來。」當行鼻運時，除鼻相要好，鼻顴有配，同時要鬢毛不閉命門，木星不剋土星，如此在行鼻運時，始能財星高照，或官運亨通。

鼻準與鼻翼又與消化系統相聯屬，亦與腎水生殖系統相聯屬。如鼻準扁平者，主其人脾臟及生殖系統先天發育不良，以五行來說，乃土不藏水之相格，主其人欠缺生財之道，亦少理財之方。鼻翼過小或有痣或鼻孔仰露者，主其人先天之腸胃系統，及男性睪丸膀胱與女性卵巢膀胱發育不良，或後天上述內臟發生病變，以五行來說亦爲土不藏水之相格，因「土渴」而影響其人之個性變爲「即興」，進而影響其人在作金錢投資及金錢之花用上缺乏周全之計劃，而多即興之作，一生事業敗多成少，勞多獲少，其人焉能積聚大財？

鼻之種類繁多，人相學前輩曹鎮海先生將鼻分爲六種類型，其說頗有道理。第一型爲「善鼻」，外型端正瑩潔，主其人學識品德俱優，心胸寬宏大量，有濟世救民之心。第二型爲「貴鼻」，外型通天有勢，主其人仕途成就非凡，不爲邦國之主宰，亦爲方面之大員。第三型爲「富鼻」，外型豐滿藏孔，主其人一生事業多方面發展，富裕多金。

第四型爲「惡鼻」，外型鷹鉤結節，主其人心性奸詐惡毒，不得善終，死於非命。第五型爲「賤鼻」，外型面大鼻小，主其人一生難有出頭之日，並健康不佳，刑剋孤苦。第六型爲「貧鼻」，外型凹陷露孔，主其人一生沒有富裕之日，並個性不良，多災多難。

上述六型之鼻，再配觀其他五官相理之優劣區分爲大小兩類或兼型之鼻，例如「大善兼大貴」，「大富兼小善」，「大惡兼小富」，「大貧兼大賤」等等。「富型」與「善型」之鼻，可以男女同論，「貴型」之鼻男者主吉，女者則不一定主吉。又富、貴、善三型之鼻，有顴相配吉上加吉，惡、貧、賤三型之鼻，如無顴相配則益彰其凶。其他有關鼻之各種相理及其休咎分述如下：

●鼻相看事業成敗及攻守時機

▲鼻以直如截筒，豐隆潤澤，準頭圓滿，不仰不露，諫台、廷尉相輔相應，上下貫通有氣，再加兩顴拱照，此乃「土星入命」，是爲第一等好鼻，主其人可大貴或大富，福祿壽俱全。

▲鼻相雖佳，但耳相、眉相、眼相、口相任何一位惡劣不相配者，主其人仍難發運，

或成敗迭見。
▲鼻如懸膽者，謂之「懸膽骨」成，主其人橫財橫發，白手成家。如再耳厚、口厚、手厚及頭圓、腰圓者，主其人富而長久。
▲鼻樑豐隆貫頂，再眼秀藏神，眉秀伏彩，主其人三十一歲至五十歲好運連年，一生有貴人提攜。
▲鼻隆顴拱鼻顴相配者，主其人中年事業順利，自助人助。鼻好而無顴相輔者，中年不發。
▲鼻顴相配，額有輔骨，主其人因官祿之財而致富。如兩眼藏神，顴骨插天，主其人先官後商，可致大富。
▲鼻顴均佳，但印陷目昏者，只宜作嫁依人，或從事異路行業，否則中年仍主失敗。
▲鼻好顴差，或有鼻無顴，或顴有疵痣者，主其人一生不宜合夥，否則，主其人與合夥人發生是非或遭受金錢上之損失。
▲鼻相雖佳，但天倉凹陷者，謂之「來龍不旺」，主其人行鼻運時仍主易成易敗，顴再不拱鼻者尤甚。以四十一歲至四十七歲爲最。

▲鼻之相理有缺陷，但枕腦及天倉眉毛相理佳者，主其人仍可發達。反之，鼻之相理雖好，但枕腦及天倉眉毛相理不佳者，仍主行鼻運時是非破敗或健康不佳，此即先賢所強調之「吊用觀相法」。

▲鼻雖短小但無缺陷，再加四岳峻拔者，主其人仍有大成就。（註：先賢鄭和即合此相格。）

▲鼻雖低，但爲水形金局之人，再加眼內藏神，形體恢宏，眉鬢鬚三輕者，主其人仍可致富。

▲鼻直而肉薄露骨者，謂之「劍鼻」，主其人一生奔波，勞碌少福，事業少成。如鼻再高聳者，即父祖遺產豐厚亦將破敗。

▲鼻扁曲凹塌者，主其人四十一歲至五十歲，因中年多病而事業失敗，但眉伏有彩，眼秀藏神者，主其人事業上無大礙，但一生收穫仍有限。

▲鼻樑左右三曲謂之「反吟」，鼻樑上下三凹謂之「伏吟」，主其人不論男女均主刑剋破敗，但前者刑尅多過破敗，後者破敗多過刑尅。

▲鼻瘦而赤者，主其人不論男女終身坎坷。

▲鼻有二三凹凸之處者，主其人不論男女災疾有份，事業無成。

▲鼻之大小要與面形相配合，額低、面小、顴平、頦尖而鼻非常豐隆者，謂之「孤峰獨聳」，主其人不論男女，不能聚財並有破財之虞，上唇無髭者尤驗。

▲鼻與臉形相比而顯然短小者，主其人在宦途發展難有前途。如業商則中年運蹇，事業失敗。但眼秀藏神者減半論。

▲鼻小面大，或鼻瘦面肥者，主其人如業商，一生多成多敗，財難入庫，勞多獲少。如從事軍公教職業則難掌正權，並往往功歸他人過歸自己。

▲鼻小孔大或鼻翼顯然一大一小者，主其人一生破敗少成，難聚錢財，五十歲後必貧窮度日。

▲鼻小再人中細窄者，主其人一生事業多波折而少收穫，但上唇有髭者略好一籌。

▲鼻大口小，再加準頭下垂者，謂之「土伏水」，主其人五十歲左右破敗。

▲鼻小又扁塌者，主其人一生難成事業，孤苦貧賤。

▲鼻小山根低者，主其人辛苦勞碌，難享六親之助，眼有神，耳大有貼者減半論。

▲鼻翼大而肉厚者，主其人可早發，同時生財有道，頗善理財。

▲鼻之諫台（即左鼻翼）較廷尉（即右鼻翼）略顯豐厚者，主其人一生多偏財浮財。如廷尉較諫台略顯豐厚者，主其人一生多交際財、合夥財、仲介財、轉手財。（男左女右）

▲鼻無翼者（即無諫台廷尉），主其人一生不能聚財，無理財觀念。但準頭豐滿，眼秀藏神者減半論。

▲鼻翼有灰黑之痣者，主其人曾患有消化系統疾病，五十歲前很難聚財，中年敗業他鄉。但眼秀藏神，人中有髭者減半論。

▲鼻翼有紅筋者，主其人損財或財務情況欠佳，同時家有耗財之妻，女性則主夫財運不佳。

▲鼻之左鼻翼有缺陷者，主其人四十四歲防是非破財，鼻之右鼻翼有缺陷者，主其人四十五歲防是非破財。

▲鼻翼過薄者，主其人一生難聚財。（註：鼻翼薄，乃消化系統發育欠佳之徵。男性又主睪丸發育欠佳，女性又主卵巢發育欠佳。）

▲鼻孔缺露者，爲不聚財之相。但五形爲木火二形人，再加三停平等，六府充盈者，

主其人一生雖不能致大富，但財祿不虞匱乏。如係木形人，再眼秀神強額圓準大者，仍可致大富。

▲鼻孔無毛者為凶相，主其人一生寅吃卯糧。（註：鼻孔長毛，先賢謂之有餘糧，但鼻毛外露者主不吉，先賢謂之為長鎗）

▲鼻孔仰露者，主其人難聚錢財，或易聚易散。若仰露見鼻樑者，則主貧窮一生並客死他鄉。

▲鼻孔下端有紋沖出者，謂之「倉流」，主其人中年有是非損財。如鼻孔出現紅絲紅筋者，乃破財是非之兆。

▲鼻之山根為吾人體內運作系統之總開關，凡山根豐隆端正無痣紋者，象徵先天循環系統發育良好，傳導功能佳，主其人意志堅定，決斷正確，故一生運程通達，直上青雲，鮮有災疾或事業不順之事發生。

▲鼻之山根豐隆齊眉，額頭再飽滿者，主其人可繼承祖業之財而致富。如天中平起，邊城豐起，山林隆起，祖業富甲一方。

▲鼻之山根豐隆，再加髮際整齊山林天倉飽滿者，主其人六親有靠，家世富裕，可

享父祖餘蔭。（註：缺一即不足論）

▲鼻之山根隆而不豐者（即有骨無肉之謂），主其人徒有清高，一生運途蹇滯。（註：不論蒙古人種或羅馬人種均同論）

▲鼻之山根豐隆，再加眉形亦好者，謂之「山根有來龍」，主其人自身可貴可富，兄弟姐妹亦優秀有成。

▲鼻之山根斷折，再加眉眼不秀者，主其人青中年事業少成，但眉毛濃秀再加地閣方圓者，主其人晚年仍有成就。

▲鼻之山根斷折，再加眉眼不秀者，主其人青中年敗業，老年窮困，但眼有藏神者，可逢凶化吉減半論。

▲鼻之山根斷折者，主其人三十歲前難早發，即使有發，四十一歲前仍將虛花殆盡。

▲鼻之山根豐隆，但有橫斷紋、八字紋者，主其人四十一歲事業挫敗損財，四十二歲運蹇。

▲鼻之山根有一橫紋二橫紋者，主其人中年事業挫敗，但有三橫紋者，主其人可白手起家，但生平頗勞碌，惟享高壽。

▲鼻之山根有灰黑之痣斑者，主其人遠離家鄉，在外地才有發展，同時，一生之中均有做好不討好之感。

▲鼻之山根上端有灰黑之痣斑者，主其人一生必有一次官非。

▲鼻之山根相理休咎，必應驗於二十六歲、三十歲、四十一歲。

▲鼻之年壽豐隆黃潤，面部其他各官無大瑕疵者，主其人即使不貴不富，也可致福壽。如年壽陷薄氣色黑暗者，不貧即夭。

▲鼻之年壽豐隆黃潤，準頭又圓厚者，主其人可白手創業而致富。如其人五形五官得配，眼伏眞光者富可敵國。

▲鼻之年壽有橫斜深刻之紋（名羊刃紋），或有顯著損傷者，主其人一生定有一次事業破敗。年壽皺紋過多者，亦主中年損財。

▲鼻之年壽骨凸起者，主其人一生中必遭受一次嚴重挫敗，時在三十一歲、三十二歲、三十七歲、三十八歲、四十四歲、四十五歲，並客死他鄉。

▲鼻之年壽有灰黑之痣者，主其人命運蹇滯之徵，尤以行鼻運時最驗。一痣主失敗一次，二痣主失敗二次，一生即使收入豐盛，亦難聚財。（註：有善痣減半論）

▲鼻之年壽歪曲不正者，主其人三十一歲至四十七歲事業挫敗。

▲鼻之年壽塌陷者，雖準頭豐隆，亦主其人四十四歲至四十七歲失官敗業。

▲鼻之準頭圓肥者，除非年壽有嚴重缺陷，主其人雖中年挫敗，最終仍主致小富。

▲鼻之準頭圓肥，再加山根低小，鼻翼左右横張者，謂之「獅子鼻」，主其人精力強，財運亦強。如額頭高廣者，亦可發貴。

▲鼻之準頭尖而帶鈎狀形如鷹嘴者，謂之「鷹鈎鼻」，主其人四十四歲至四十八歲事業失敗，或有官非破財災厄。

▲鼻之準頭尖而小者，主其人一生貧賤。

▲鼻之準頭垂下伏在水星（口）上，再上唇無髭者，主其人欠缺統御能力。如從公主官職不大，如從商則主小收穫而已。

▲鼻之準頭雖圓厚，但山根折斷者，主其人不但不能致富，同時勞碌一生。

▲鼻之準頭起骨直上天庭者，謂之「單犀貫頂」，比之「伏犀貫頂」更爲難得。但鼻孔仰露或無鼻翼者，反主中年大敗凶險。

▲鼻之準頭常有紫紅氣色者，主其人一生不聚財，晚年尤窮。（註：準頭氣色應黃潤

中透白光）

▲鼻之準頭突然出現黑斑者，主其人當年失財失官，四十八歲之年尤忌。

▲鼻之準頭突然出現紅斑者，主其人當年有官非。

▲鼻之準頭有黑點或有垢污之感者，主其人一生爲金錢勞苦而又少收穫。又主其人四十八歲是非破敗。

▲鼻之準頭斑點叢生者，主其人運程蹇滯，一生虛花到老。

▲鼻之準頭不論寒暑而頻頻出汗者，主其人一生勞碌到老，難聚錢財，同時身世飄零，個性孤獨怪僻。

▲「相不獨論」，當論斷鼻之相理休咎時，應參合其他部位綜合論斷之。

●鼻相看家族關係及婚姻子女

▲鼻直豐隆，山根有勢，顴起朝拱，兩腮照應，此乃骨髓有氣有神，主其人四十五歲前，父母無傷，如有一失，主父母有傷。（註：左顴左腮應父，右顴右腮應母，男左女右。）

▲鼻直如截筒，豐隆潤澤，準頭圓滿，鼻孔不仰不露，諫台廷尉相輔相應，上下貫通有氣，再加天倉奸門飽滿，兩顴圓聳者，主其人男可娶得貌美賢妻，女可嫁得富貴之夫。

▲鼻顯然過短者，主其人姻緣亦短。

▲鼻短孔露者，主其人生女多，生男少。

▲鼻大口小者，主其人破梓離鄉，不宜在家鄉發展，否則，必受六親之累。

▲鼻大而面小顴平者，謂之「孤峰獨聳」，主其人無子息，或一子多女。

▲鼻小而扁塌者，主其人夫妻不能偕老，子女無緣，但眼秀者減半論。

▲鼻小，再加鬚多或鬚赤者，主其人剋妻。

▲鼻柱肉薄而高聳，鼻準鼻翼亦薄小，再加眉毛亦稀薄者，主其人剋星太重，不但無兄弟姐妹，夫妻緣亦薄，不剋即離，同時個性不良。

▲鼻歪斜者，主其人有家破人亡之厄，如其人出生南方者不忌，因「南方無正土」。

▲鼻骨起稜起峰者，主其人幼少年刑剋父母，中年刑剋妻子兒女。

▲鼻直而肉薄露骨者，謂之「劍鼻」，主其人不論男女刑妻（夫）剋子，到老孤寒。

▲鼻孔掀露上仰者，主其人不論男女，配偶其貌不揚，如再眼斜者，其配偶容貌更醜。

▲鼻似山羊之鼻（即鼻翼似削）者，主其人夫妻離異刑剋。

▲鼻有二、三凹凸之處者，主其人不論男女，夫妻緣薄，刑剋子女。

▲鼻無翼但準頭高方者，謂之「界方鼻」，主其人無子息，或一子多女。

▲鼻上皺紋過多者，主其人少子息，或生劣子。

▲鼻端正豐隆，再加山根隆起印堂平滿者，主其人子女聰明優秀。

▲鼻之山根豐隆，再腹圓臀豐者，主其人不論男女可享閨房之樂。

▲鼻之山根隆而無肉，或山根窄細者，主其人刑妻剋子，或有女無子。

▲鼻之山根有橫斷紋、八字紋者，主其人剋妻刑子。（註：山根低平者更驗）如未刑剋，則感情必疏，如面相各部位相理再配合不當者，則主離異。

▲鼻之山根有三橫紋者，主其人剋母，如有三直紋者主剋妻。

▲鼻之山根斷折者，主其人不得祖業，不得父母助力，並刑剋六親（尤其剋母）。

▲鼻之山根斷折者，主其人兄弟少緣，亦不得兄弟之助力。

▲鼻之山根斷折者，主其人得子必晚，晚年不享子福。

▲鼻之山根高過印堂，而鼻準又有缺陷者，主其人刑剋父母配偶，自身主外傷破相，半生孤相。

▲鼻之山根中央有灰黑之痣者，主其人剋妻再娶並剋子，同時又破祖離鄉，消化系統健康亦不佳。

▲鼻之年壽豐隆者，主其人子女多而優秀。

▲鼻之年壽夫妻二人均豐隆者，主其人郎才女貌夫妻白首偕老。

▲鼻之年壽低陷或凹折者，主其人刑妻剋子，中年喪偶而續絃。

▲鼻之年壽有直紋者，主其人乏嗣或養他人之子。

▲鼻之年壽有橫紋或傷疵者，主其人之配偶容易受到身體傷害，男性甚至可能促使配偶難產死亡。（註：年壽紋疵痣斑亦爲漏電之徵）

▲鼻之年壽骨凸起，或年壽骨起稜起峰者，主其人青少年刑剋父母或與父母無緣，中年刑剋配偶。

▲鼻之年壽陷者，主其人四十四歲有孝服。

▲鼻之年壽有灰黑之痣者，主其人刑剋妻室，又主一生中有一次桃花劫。

▲鼻之年上結節者，主其人祖上曾出繼改姓。如壽上有結節者，則主自身出繼改姓。同時刑剋六親，破梓離鄉，死於外地。

▲鼻之準頭尖而帶鈎狀如鷹嘴者（鷹鈎鼻），主其人刑妻剋子，六親無靠，頭大者尤驗。

▲鼻之準頭終年紅赤者（**即酒糟鼻**），乃「土」「水」二系統不協調之徵，主其人難育子息或刑剋子女，財運亦欠佳。

▲鼻之準頭偏左者，主其人剋父剋妻，婚姻不美滿。準頭偏右者，主其人剋母有女禍，老年貧窮。

▲鼻之準頭正中（**男女同論**）破損或有紋痕者，主其人刑剋子女，或育殘障子女。如面部其他各部位再配合不當者，則主孤獨貧賤，並主其人自身應注意保健。

▲鼻之準頭前端及鼻中鬲內收者，謂之「回回鼻」，不論男女，主其人均遲婚或終身不嫁娶，如早婚定主離異刑剋。

▲鼻之準頭有惡痣者，主其人好色，有女禍，晚年孤獨。

▲「相不獨論」，當論斷鼻之相理休咎時，應參合其他部位綜合論斷之。

●鼻相看健康智慧及個性品德

▲鼻直如截筒，豐隆潤澤，準頭圓滿，不仰不露，諫台、廷尉相輔相應，上下貫通有氣，主其人先天內臟系統發育良好，精力充沛，工作認眞負責，爲人講求信義，不論男女必享瑕齡。

▲鼻雖有富貴之相，如眉眼耳有夭壽之相者，主其人仍難享富貴，或雖有富貴而英年早逝。

▲鼻雖有富貴之相，如眉眼耳有凶惡之相者，主其人雖有富貴，但必死於非命。

▲鼻直而長，堅硬有肉，主其人意志堅強，健康高壽。

▲鼻直而肉薄露骨者，謂之「劍鼻」，主其人心性刻薄寡恩，缺乏同情心，辦事能力雖強，但喜爭是非，有理不饒人。

▲鼻有肉而無骨者，主其人意志薄弱，恆心毅力不足，同時多病短壽。

▲鼻雖豐隆，但有斑痣者，主其人後天健康欠佳，並有血痔。

▲鼻大而眼小者，主其人壽命不長。（註：此爲機器雖大，但馬力不強，故不能負重致遠。）

▲鼻高聳，主其人意志力堅強，富有毅力及創造力，但印堂窄者，主其人計較小節，心胸欠寬宏。

▲鼻扁平低陷者，主其人在事業上果斷力不足，缺乏創造力及恒心毅力，在工作上努力不足，遇事優柔寡斷，並有若干自卑感。

▲鼻扁平低陷，再加鼻小者，主其人懦弱無能，一生供人指使而已。但個性自卑外，並貪鄙狡詐。

▲鼻高聳，但雙顴低平不配者，謂之「孤峰獨聳」，主其人缺乏修養，個性驕傲，冷漠無情，不能從善如流，與親戚朋友均難以相處。

▲鼻骨起稜起峰者，主其人個性陰險倔強，刻薄寡恩，膽大妄爲，六親不睦，爲社會上之危險人物。又主其人身帶隱疾。

▲鼻常掀動者，主其人個性不良，情緒不穩，狡詐貪婪。

▲鼻短又塌陷者，主其人五臟不堅，體弱多病，壽年難過五十歲。如眼神再弱，山

根年壽再斷折低陷者，壽年更短。

▲鼻過短者，主其人先天呼吸排泄功能較弱，個性亦較彆扭不爽快。

▲鼻形與臉形相比顯然過大過長者，主其人富冒險創造性，個性主觀，慾望亦大，喜自我誇張膨脹。

▲鼻孔過小者，主其人小氣，如四瀆再小，並掌厚指短者，加倍小氣。同時有神經過敏之傾向，處事異常小心有時裝糊塗。

▲鼻孔過小者，主其人易患睪丸炎，或輸精管系統之毛病，但過大之鼻孔，則主膀胱泌尿功能不足。

▲鼻孔圓形者爲吉相，主其人個性優良。長方形者，主其人性剛。橫形者，主其人難聚財。八字形者，主其人錢財易聚易散。三角形者，主其人個性吝嗇。

▲鼻小孔大，或鼻翼一大一小者，主其人個性急躁而又「即興」，並生性嗜賭，逢賭必輸。

▲鼻孔特大者，主其人性喜投機，愛說大話，即發即敗，但後腦枕骨強大者減半論。

▲鼻孔大而鼻翼肉厚者，主其人個性開朗，作風正派，胸襟開闊，決策快速，具有

做領袖的才華。

▲鼻孔仰露者，主其人個性開朗，心直口快，難得保守秘密。

▲鼻孔仰露，再加山根高鼻準尖者，主其人因橫禍而死。

▲鼻孔朝上者，西洋人謂之「孩子鼻」，或稱之爲「猿猴鼻」，主其人個性天眞、樂觀、隨便、好問，女性則易受誘惑。

▲鼻孔之毛，不可露出鼻孔之外，露出者謂之「長鎗」，主其人喜弄是非，貧窮勞碌。

▲鼻長又藏孔者，主其人處事有原則，責任心亦強，愛情專一。但鼻子長過面部三分之一長度者，主其人性格固執保守而又高傲，不善通融。

▲鼻短又露孔者，主其人粗心大意，不計小節。一般鼻子過短之人，主其人爲樂天派，個性開朗，不固執己見。

▲鼻翼大而薄者，主其人個性即興爽朗，心直口快，處人處事頗愛面子，用錢欠節制而喜鋪張，常做些做好不討好和徒勞無功的事，一生難聚大財。

▲鼻翼有灰黑之痣者，主其人個性即興爽朗。（註：痣爲曾患腸胃病之徵。）

▲鼻翼生紅白筋者，主其人不論男女必好酒色。

▲鼻中鬲（即兩鼻孔中間之肉條）偏斜者，主其人泌尿系統發育著床不良，容易患膀胱結石症。

▲鼻有二、三凹凸之處者，主其人脊椎有疾或彎曲，個性亦頗怪癖。

▲鼻向左右歪斜者，主其人極端自私，寡情薄義，心術不正，事業有成終敗。

▲鼻之山根豐隆骨起，但頂腦凹陷，枕腦扁平，眼睛昏濁者，主其人不夭即孤。

▲鼻之山根豐隆者，主其人意志力堅強，並愛惜名譽，但慾望亦高。

▲鼻之山根雖高隆，但窄細無肉者，主其人性急熱誠，求好心切，有責任心，事業難大成，並有先天性循環系統之隱疾。

▲鼻之山根低小扁平或歪斜者，主其人常有災疾或有暗疾，壽年難長。又主其人意志薄弱，有自卑感，常逃避困難，自尊心及名譽心不足。

▲鼻之山根低平而有深刻之橫紋者，主其人四十一歲左右有夭亡之虞，至低限度應有血光疾病之災。

▲鼻之山根破損疵痕，再加眼睛黃色，眉粗印陷，顴破髮硬者，主其人應防兵災，或在戰亂中死亡，或有意外之橫禍。

▲鼻之山根兩旁有青筋浮露者，主其人有疾病在身，小孩尤驗。如僅浮現青黑氣色者，則主其人內心有壓力感。
▲鼻之山根有灰黑之痣斑者，主其人有嚴重胃疾。
▲鼻之山根下端（即靠近年壽之處）有灰黑之痣斑者，主其人一生必遇一次凶險。
▲鼻之山根兩側有灰黑之痣斑者，主其人有痼疾之徵。
▲鼻之山根有直紋者，主其人凶厄難免。如直紋下破年壽者，主其人有橫禍。
▲鼻之山根及年壽軟若無骨者，主其人早夭。
▲鼻之年壽歪斜不正者，主其人先天性消化系統著床不良，功能不佳（含肝），或脊椎骨歪斜不正。
▲鼻之年壽先天凹陷，再加後天色澤暗濁，主其人心神不寧，魂魄不安，遇事多疑，處事不果決。
▲鼻之年壽部位有橫斜深刻之紋，或有顯著損傷者，主其人心神恍惚，一生中定有一次嚴重凶險造成破相，又主其人有遺傳性隱疾。
▲鼻之年壽骨有裂斷之狀者，主其人常流鼻血，嚴重者則有血光之災，應特別注意

外出車馬安全。

▲鼻之年壽露青筋者，主其人三十一歲至四十五歲之間應防橫禍。如臨時起赤氣色成條者，則應防水火之災。

▲鼻之年壽凸起而又橫張者，謂之「結節鼻」，主其人性強心毒，事業無成。（註：黑社會人物多有結節鼻。）

▲鼻之年壽凸起但未橫張，主其人個性急躁倔強，任性好辯，並好面子，不願認錯，不肯妥協。

▲鼻之年壽塌陷軟弱者，主其人意志薄弱，缺乏獨立奮鬥之氣魄，但心地善良，樂與助人，惟難享大壽。

▲鼻之年壽在笑時有皺紋者，謂之「虛花紋」，主個性深沉，善於機變，常因小失大，又主其人自傲自大，喜歡抬槓唱反調，缺少朋友，雖父子夫妻之親亦難同心。

▲鼻之年壽有川字紋者，主其人智慧超群，不貴即富，但性多詭詐。

▲鼻之準頭豐厚肥大者，主其人爲人熱誠，仁慈厚道，樂善好施，心地善良，同時個性隨和，能識大體。但面色過白者，則主貪多而奸詐。

▲鼻之準頭尖而帶勾狀形如鷹嘴者，主其人心性惡毒陰險，不可論交，如眼再惡者，主其人心如蛇蠍。

▲鼻之準頭尖小而斜者，主其人心性奸詐惡毒，不可論交。

▲鼻之準頭上翹者，主其人喜歡爭辯是非，又喜歡批評他人，猜疑心強，很少有知心朋友。

▲鼻之準頭圓大不足，色澤又暗濁者，主其人消化功能有先天性之障礙，同時精神渙散，個性即興，見異思遷，常改變主意和立場。

▲鼻之準頭破裂者，主其人多疑而又膽小，應注意外出車馬安全，及腎水系之保健。

▲鼻之準頭有直紋者，主其人應防凶死橫禍，紋淺者，亦應注意事業破敗。如多橫直襍紋者，則主有生理生殖方面之疾病。

▲鼻之準頭垂肉或準頭橫張者，主其人貪淫（註：貪淫之人不一定是壞人，反之，英雄好漢或事業有成之人，性機能往往比常人強。）

▲鼻之準頭過小者，主其人膽量小，不能成大事。

▲鼻之準頭前端或鼻中鬲有灰黑之痣者，主其人年輕時多淫，中年有自殺心態。

（註：痣生鼻之前端或鼻中扃者，乃因腎水系及生殖系曾有病變，影響其人之行房能力，故萌生自殺之念。痣小顆者主刑尅配偶，或爲配偶辛勞。）

▲鼻之準頭氣色赤而焦紅者，謂之「火燒中堂」，主其人易招凶險而亡，尤應注意火險，命門天中有痣者更驗。

▲鼻之準頭突然出現紅筋者，主其人當年有是非凶災或損財。

▲鼻之準頭氣色暗黑，再加嘴唇命門氣色亦暗黑者，主其人必死無疑。

▲「相不獨論」，當論斷鼻之相理休咎時，應參合其他部位綜合論斷之。

●女性鼻相之獨特相理休咎

▲女性以鼻爲夫星，但應配觀印堂、額顴、眉毛和眼睛之相理，如印堂豐滿，眉清目秀，額顴圓秀，再加鼻柱豐隆，準頭豐圓，廷尉分明，鼻孔有收，主其人雖容貌醜陋，亦必配富貴之夫，並相夫旺子。（註：此即「人不可貌相」之道理，尤其爲女性觀相，不能只重「色相美」，而忽略了「相理美」。）

▲女性鼻正眼秀，再加面龐橢圓形者，謂之「鳳臉」，此乃「夫人」之相格，主其人

必嫁公卿爲妻。
▲女性鼻正眼秀，再加面龐圓形者，謂之「滿月臉」，主其人一生富裕，永遠不缺金錢，如其他各官配合得當，主其人必嫁大富之人爲妻。
▲女性鼻高顴大，再加印堂豐滿者，主其人可爲職業婦女，或與夫共同創業而有成，但夫之鼻顴應稍低稍小，否則衝突摩擦難免。
▲女性鼻顴不論冬夏而頻頻出油，再加髮臭者，主其人難獲丈夫愛憐，並有被遺棄之可能。
▲女性鼻孔過小，或鼻孔不整齊者，主其人卵巢系統先天發育不良。如鼻孔周圍有痣斑者，則主卵巢系統有病變。
▲女性鼻形高大，準頭再橫張者，主其人個性剛強，婚姻不美滿。
▲女性鼻扁平再口薄者，主其人伶牙俐齒，喜弄是非，貧賤勞碌，如再面大面方者，非離即剋。
▲女性鼻露骨者，主其人難享夫福，夫運不佳。（註：女性之鼻有任何瑕疵，均會影響夫之命運，即使勉強嫁一富夫，終必拖累夫運。）

▲女性鼻凹，再加山根斷者，主其人常受夫欺。

▲女性鼻小，再加頭亦小者，主其人丈夫容易有外遇。

▲女性鼻小，再加面大者，主其人欠孝心，丈夫多災多難，難有旺夫之日，終身難享夫福，必須自力更生。

▲女性鼻小，再加面橫張者，主其人無理欺夫，喜弄是非，終必婚姻不美滿而離異再嫁。

▲女性鼻左右歪斜者，主其人必三嫁四嫁。

▲女性鼻孔大，再加鼻孔仰露，主其人嫉妒心重，醋勁也大，又欠缺儲蓄理財的觀念及手法，一生難聚錢財，甚至敗盡夫家產業，同時個性即興，使用金錢常常打破預算，如再兩顴尖露者尤甚，晚年必定孤貧。

▲女性鼻孔如八字形者，主其人必嫁貧窮之夫。（註：此乃貧窮者與貧窮者來電之故）

▲女性鼻孔仰露，再加山根斷者，主其人丈夫應防牢獄之災。

▲女性鼻孔下端氣色赤紅，再加眉毛散亂不聚者，主其人正值月訊來潮，或即將月

訊來潮。

▲女性鼻毛過長而露出者，主其人一生貧賤，婚姻不美滿，如其他各部位再有缺陷者，則主剋離再嫁。

▲女性鼻有三彎者，主其人六親無緣，多刑多剋，累夫害子或無子，終身奔波勞苦。

▲女性鼻尖、顴偏、顴低，或面部偏斜，子午不正（即火星地閣不成直線），獨顴出面（即一顴高一顴低），主其人嫁人作妾或作繼室。（註：女性面相有以上任何一項缺陷者，主其人難作元配。）

▲女性鼻直，再加鼻翼亦端正飽滿者，主其人爲人正直，持家有方。

▲女性鼻翼不起者，主其人一生貧窮。如鼻翼豐腴色澤黃明者，主其人旺夫興家。

▲女性鼻之氣色黑氣籠罩者，主其人丈夫性命難保。

▲女性鼻之山根豐隆者，主其人可載夫家產業，必嫁有產業之夫家，山根折斷者，主難嫁有祖產之夫，必須由夫自己創業。（註：但女性山根不宜過高，尤忌超過夫之山根高度，否則，主婚姻不美滿。）

▲女性鼻之山根高闊者，謂之「女有丈夫相」，再加露睛、露神、三角眼、多白眼、

斜視、偷視、眼睛黃色等任何一項相理瑕疵者，主其人婚姻不美滿，非離即剋。

▲女性鼻之山根高闊，準頭鼻翼相理不佳者，主其人四十一歲不是婚姻觸礁，就是重病重災。（註：山根屬火系，準頭鼻翼屬土系，準頭前端屬水系，兩者相理不相稱，主火土不生，或水來剋火。）

▲女性鼻之山根斷折，再加印堂破陷者，主其人夫妻感情不佳，婚姻生活欠美滿。

▲女性鼻之山根有傷疵裂痕者，主其人愛情無善果，不是中途分手，就是對方事業失敗或災病死亡，即使結婚亦必剋夫，如未剋夫，其夫之事業必失敗，夫妻必離異。（註：女性山根有傷疵裂痕，主其人運作系統之總開關有損，體內電質素順著傷疵裂痕之處無節制放射，與其接觸親近之男性生理心理必受其害，故而發生事故，對方命硬者，則分手離異，否則，對方難逃災病死亡事業失敗之命運。）

▲女性鼻之山根有灰黑之痣者，主其人剋夫損胎再嫁，亦主身罹宿疾。

▲女性鼻之山根有橫紋者，主其人三十五歲至四十三歲不利夫運，同時有性冷感症之可能。如山根有直紋三條者，則主淫蕩私情。

▲女性鼻之山根年壽均低平者，主其人見異思遷，個性即興又急躁，易招血光之災，

婚姻難得美滿，一生不聚財。

▲女性鼻之年壽豐隆者，主其人少疾病，旺夫益子。

▲女性鼻之年壽凹陷，而額頭高廣者，主其人婚姻不美，非離即剋。

▲女性鼻之年壽部位有橫斜之紋或鈎紋者，謂之「帶刹」，主其人剋子刑夫。

▲女性鼻之年壽平塌而準頭圓肥者，主其人夫妻同床異夢，志趣不投。

▲女性鼻之年壽骨凸起者，主其人個性倔強，獨立性強，有男兒氣概，敢做敢爲，但個性怪異，剋夫刑子。（註：年壽骨略凸起者減半論。）

▲女性鼻之年壽骨像「劍脊」一樣凸起者，主其人一生勞碌到老，欺夫妨子，難享夫福及子女福，婚姻欠美滿。（註：此種女相個性不良至極）

▲女性鼻之年壽起節（結節鼻）者，主其人多嫁病夫，剋夫寡居。

▲女性鼻之年壽瘦削無肉或凹扁塌陷者，主其人剋夫敗家，個性即興不良，自身健康亦欠佳，山根低平者尤甚。

▲女性鼻之年壽突發青筋沖上印堂者，主其人有謀夫殺妾之心態。青筋未沖上印堂者，主自身有災難發生。

▲女性鼻之年壽有赤脈上侵印堂者，主其人剋夫刑子。

▲女性鼻之年壽有灰黑之痣者，主其人多嫁病夫，爲夫辛勞，難享夫福，或剋夫再嫁。

▲女性鼻之準頭圓厚者，主其人個性溫柔隨和，並相夫旺子。

▲女性鼻之準頭尖，再加牙齦露又有喉結者，此種女相俗稱「掃把星」，主其人敗家剋夫，但準圓者不剋夫只敗家。（註：準頭尖、牙齦露，表示內分泌不良故剋夫。女性有喉結者，表示個性男性化，牝雞司晨，整天吵鬧不休，焉得不敗家。）

▲女性鼻之準頭有惡痣者，主其人一生爲夫勞，不享夫福。

▲女性鼻準鼻翼豐滿者，主其人胸部及乳臀亦豐滿。（註：因鼻準前端及鼻翼前端均與女性之生殖系統有聯屬關係，而胸乳臀則爲女性第二性徵之所在。另參照女性脚跟之肥瘦，印證女性乳臀之豐滿與否則更驗。）

附註：女性之鼻，除上述之獨特相理及休咎外，其他一般性之相理及其休咎與男性同論，但有關男性鼻相獨特之相理及其休咎例外，因男性屬陽，女性屬陰，故在休咎解釋上有所不同，讀者不可不察。

鼻各部名稱圖

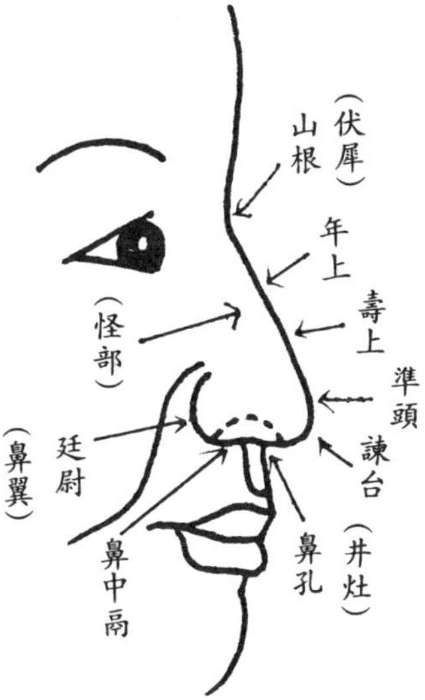

（本章所繪之鼻圖，以《神相全編》所記載者爲準，讀者作印證時，千萬不可拘泥，只印證其特徵即可。）

各式鼻相圖(一)

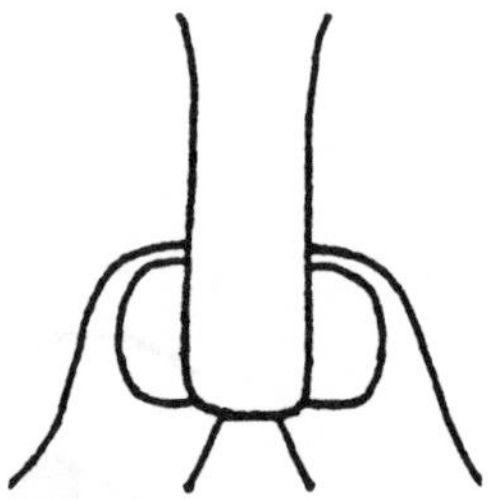

龍鼻

「龍鼻」爲男性最佳之鼻，其特徵爲山根豐隆闊起，上貫印堂天庭，故又名「通天鼻」，再加準頭豐隆圓起，諫台、廷尉相輔相應，其勢有如懸膽。故又名「懸膽鼻」，凡具有龍鼻之人天縱英明，能領袖群倫，必大貴特貴而又福祿壽俱全。

截筒鼻

「截筒鼻」的特徵爲鼻直如竹，鼻齊如筒，山根略低，年壽肉豐，準頭豐盈飽滿，鼻孔圓厚有收，側看有如截斷之竹筒一樣整齊。主其人盛世則精於投資理財，可暴發大富，亂世時擅於戰略戰術，因軍功而主貴。

各式鼻相圖(二)

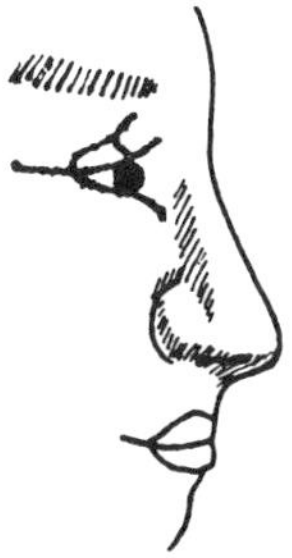

盛囊鼻

「盛囊鼻」之特徵爲山根之氣勢略遜於龍鼻，但鼻長有勢，諫台、廷尉分明，井灶不露。主其人個性善良，勤勞節儉，公正清廉，可貴可富，故又名「守本鼻」，逢凶化吉，妻美又賢。

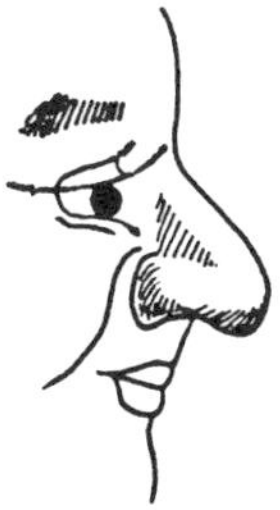

胡羊鼻

「胡羊鼻」之鼻形特大爲其特徵，準頭雖豐圓但略下垂而尖，年壽骨圓而不露，山根略低而有氣勢。主其人富多於貴，甚至可臻大富。如鼻準大而方，則貴於多富，甚至可臻大貴。

各式鼻相圖㈢

獅鼻

「獅鼻」之特徵爲準頭及諫台、廷尉特大，井灶不露，山根細小低平。如年壽骨弓起又鼻短者，主軍職發展而有成，但不善終。如年壽平而鼻長者，則可文職發展而有成，但須配獅形體始能久發，否則難善終。

鹿鼻

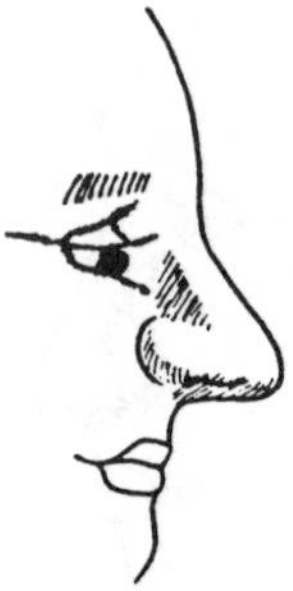

「鹿鼻」的特徵爲準頭及諫台、廷尉特別豐厚圓收，但山根年壽略平。主其人個性急公好義，心性仁慈，尤重情感，不逞強好勝，可貴可富，必得美妻，生平逢凶化吉高壽之相。女性有鹿鼻者，必嫁貴夫。

各式鼻相圖(四)

露灶鼻

「露灶鼻」又名露孔鼻，其特徵爲鼻樑雖直，山根雖不低，準頭及台尉亦豐厚，但鼻孔大而不收，鼻毛外露，此鼻因鼻孔有如風口，故又名「開風鼻」。主其人性強好勝，敢做敢衝，但成功的時候少，失敗的時候多，到老一無所成，六親少緣。

三彎鼻

「三彎鼻」的特徵爲整隻鼻塌弱彎曲無勢，山根低平，年壽凸起，準頭又尖，無論從正面看或從側面看，均有三道彎曲之感。主其人一生災連禍結，六親有刑，同時性格怪異，不得人緣，事業鮮有成就。

各式鼻相圖⑸

鷹嘴鼻	扁凹鼻
「鷹嘴鼻」的特徵爲年壽骨略弓，準頭尖而下鈎，諫台、廷尉小而內收。主其人心毒如蛇蠍，不宜爲友，一生事業無成，即使偶有收穫，終必破敗，同時刑剋六親。	「扁凹鼻」之特徵爲山根低平，年壽塌凹，準頭扁平，鼻翼露孔，整隻鼻短弱無氣勢，故名「扁凹鼻」，或名「塌弱鼻」「無能鼻」，主其人膽小無能，一生事業無成，中年災病難免。

各式鼻相圖㈥

劍鼻

「劍鼻」又名劍脊鼻、劍峰鼻，其特徵爲鼻樑成劍背形，年壽直但瘦削露骨，準頭高而無肉，諫台、廷尉欠圓收。主其人一生奔波勞碌，事業少成，個性冷酷無情，待人刻薄寡恩。剋妻刑子，到老孤寒。

孤峰鼻

「孤峰鼻」的特徵爲年壽略低，準頭特別尖凸高聳，諫台、廷尉小而內收，但兩顴低平，故曰孤峰。主其人個性孤傲不群，六親少助，一生多學少成，多勞少獲，並好色貪淫。

各式鼻相圖㈦

凸樑鼻

「凸樑鼻」的特徵爲年壽骨凸起，鼻雖大但肉不豐，此鼻配木形人雖不忌，但自私心重，配其他形人，主中年有一次以上之大失敗，女性則主剋夫，同時個性倔強，性格怪異，人緣不佳，有孤寂感。

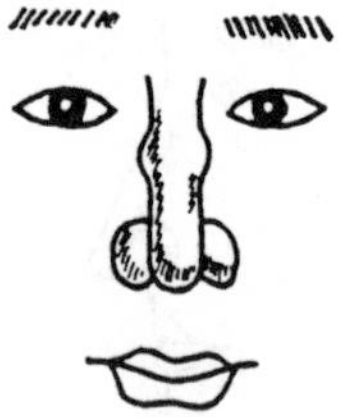

結節鼻

「結節鼻」的特徵爲年壽骨凸起又向左右橫張，正面看狀似打結故名。主其人個性倔強之至，一生勞碌少成，如其他各宮尚有可取之處，則多爲黑社會之領袖人物。但中年病災，或事業失敗，或官非牢獄，並刑剋六親，婚姻不美，女性尤甚。

《五》

口、唇、舌、齒

●口之部位特性

人類爲感情的動物，臉上的五官則爲表達感情的工具，故謂「眼爲情緣宮」、「眉爲情份宮」，「耳爲情恩宮」，「鼻爲情慾宮」，「口爲情愛宮」，五官各有所司，將人類的感情表達完美無缺，尤其是口的功用最爲突出，比之「眉目傳情」表達感情的方式更爲具體眞實。凡是口形不正，左歪右陷，或口唇過厚過薄的人，不論男女，不是不懂得何謂「情愛」，就是情愛生活和婚姻生活不美滿，據筆者觀相經驗，誠謂百驗不爽。

口在人相學又稱爲「出納官」，顧名思義口乃係言語所出之門，飲食所納之處。口又像大海，容納百川，上通五嶽四瀆，下通週體百谷，接納萬物飲食，以濟五臟之造化。又因口司言語之門，故爲禍福之柄，是非之所會也。

先賢云：「口爲心之外戶」，但經科學印證，口除了與心臟有聯屬關係外，口（含唇）又與內臟器官有密不可分的關係，例如上唇與大腸及生殖泌尿系統相聯屬，下唇與胃及消導系統相聯屬，上下唇之內緣則與肝膽相聯屬，口四週之稜線則與脾臟相聯屬，口內的牙齒則與骨骼相聯屬，牙齦則與腎臟及內分泌系統相聯屬，口內之舌亦與心臟相聯屬，口內之喉管則與呼吸系統相聯屬。凡唇之厚、薄、大、小、尖、垂、揭、縮、扁、平、歪、陷及唇色之美惡，均與以上各系統之器官的先天結構和後天機能有密切關係，進而影響吾人之生理健康及心理意識狀態。

口的相理年齡嚴格來說，應係指五十六歲至六十五歲的十年流年，但亦有謂從五十歲至六十歲等不同的說法。行運至口，已是中年時期的結束，老年時期的開始則是不爭的事實，象徵著生命的光和熱已經到了巔峰，過此巔峰，就有「力不從心」「時不我與」之感了。過去五、六十年的歲月裡，經歷了無數的得意和失意，嚐盡了人間的冷暖和辛酸，面臨這老年時期的開始，內心裡充滿了許多的懷念和感傷。有錢有兒的人，會有退休的打算，好好享享老福，沒錢沒兒的人，則益加感到人生的乏味，不知如何去渡過這淒涼的晚年。貧病交迫的人，則更加感到悲傷淒慘，只希望早日了此殘生，以求解脫。讀者諸君，持宿命論的人，一定會說這就是命運。然而人相學是不相信空幻虛渺的命運之說，人相學的觀點是，不論「成功失敗貧富壽夭」，均與一個人與生俱來的「健康、智慧、個性」相關連，尤其是一個人個性的良窳關係最爲重大。筆者與人談相，雖屬從不相識，然一見之下，即可從容道出他的個性，並說出他一生的休咎得失。吾人要改變命運，首先就是要改變不好的個性，惟個性是與生俱來，俗語云：「江山易改本性難移」，因此要改變個性又談何容易，即使持之有恆，最多改變三分而已。所以筆者嘗謂，如果眞的有命運，那麼，先天命運要佔七分，後天能掌握的僅只三分，也可以說，吾人一生命運是好是壞，完全繫於祖先父母遺傳之是好是壞。例如患了肺癆病的父親和患了白痴症的母親，絕不可能生出一個健康好、智慧高、個性優良的子女來，也絕不可能因祖墳風水好，或出生的八字好，甚或名字取得好就會出現奇蹟。有人說健康可藉鍛鍊獲得，但鍛鍊決不能改變先天遺傳的缺陷，最多少生一點病，延長壽命若干年而已。又有人說，智慧可藉讀書啓發，但現今有許多大企業家，均是低學歷而高成就，反之，擁有博士碩士學位不一定有成就的人很多。由此得知，智慧是「無止境的大」，學問和智慧相比，前者僅僅是一口或大或小的井，後者卻是一片江洋大海，有智慧的人雖未讀書亦會有成就。何況讀書並不一定要去學校就讀，隨時隨地均可以藉自修而得到學問。

論口更要配觀眉鬚，麻衣相法云：「口相有十，鬚眉居七」，如鬚眉相理不佳，即使口之相理符合標準，亦應減分論。人倫大統賦亦云：「肥馬輕裘由方成於四域」，意即論口之休咎，除了口相要如四字外，尚須配觀準頭、人中、法令、禾倉、耳珠、承漿、地閣、鬚眉等部位，其中任何一位相理有缺陷，均足以影響口之休咎。

假如人生戰場從三十一歲開始，十五歲至三十歲只能算是前哨戰，三十一歲開始為第一次戰役，四十一歲開始為第二次戰役，五十一歲開始為第三次戰役，那麼，六十歲至七十五歲則為最後的掃蕩戰。前哨戰也可以說是一種遭遇戰，往往歪打正著，或是正打歪著，易勝易敗，戰況不易掌握。掃蕩戰則不然，乃是一種有計劃的有限行動，勝算的機會多，戰果易於保住，此乃因為人生已經歷了五、六十載的寒暑，閱歷豐富，做人處事穩健保守，往往謀定而後動，只可惜「夕陽無限好，但已近黃昏」了。讀者或許要說，此話並不盡然，五、六十歲以後出任部長陞任閣揆，或組織大公司出任董事長的人仍然很多，此話雖然不錯，但他在三十年代、四十年代及五十年代均是連續打了勝仗的人，根基已穩，故而步步高陞，雪球越滾越大。換句話說，此種人乃是人相學所謂之「大貴格」或「大富格」也，大貴大富之人「萬不得一」，平常之人，豈可一概而論。下文就有關口之相理休咎分述如下：

●口相看事業成敗及攻守時機

▲口要稜角分明，形如角弓，開大合小，唇上有紋，上下唇相副，唇之色彩鮮豔，再加小水星有成（即人中下端成三角形）者，此乃最上乘之口。主其人通達事理，聰明仁厚，心口如一，言必有物，工作能力強，文化生活水準及社會地位均高人一等。如面相其他部位再配合得當者，主其人事業上大有成就。

▲口大有收（即開大合小），正而不偏，口角朝上，唇厚而正，齒齊而白者，主其人豪放大膽，精力充沛，富於行動力及決斷力，大多爲領導人物，主五十六歲至六十五歲定行大運。（註：口之大小以口在閉合狀態時略大於自身之鼻爲標準，至於鼻之大小長度以自身面相三停均等爲標準，寬度以鼻翼邊緣與黑睛內側邊緣成一直線者爲標準。）

▲口開而不見齒者，主其人非富即貴。笑不露齒者尤佳。

▲口出聲悠揚有力者，主其人非富即貴，出聲嘶啞低弱者非貧即夭。說話時聲音屢變者，謂之「病言」，主其人目前運程不順，百事蹇滯。

▲口下之承漿部位平滿無勢，主其人六十一歲有災疾或破財。

▲口之形狀比鼻之形狀爲小爲劣者，主其人五十歲後運程多逆。

▲口寬舌大者，主其人一生衣食豐足。

▲口大能容拳者，主其人官祿榮貴，但必須身材魁梧之人始驗，身材瘦小者不可同論。

▲口大舌亦寬者，主其人一生財帛富足，金水土形人尤驗。

▲口大唇紅者，主其人一生衣祿豐盛，愈老愈榮，同時又喜美食，有口福。

▲口大耳小又耳薄者，乃「水多木漂」之格，主其人一生事業飄零，難有成就，欠缺福祿。但耳小又厚，輪廓分明者另當別論。

▲口大鼻小者，乃「水反尅土」之格，主其人一生常因言語賈禍，是非多端，壯年、中年皆難有成就。

▲口大眼小者，主其人一生不宜求官，如再口大不收，眼小無角者，主死無葬身之地。

▲口大無稜者，主其人難聚財，並喜投機。（註：稜者，即口唇週邊稜起之一圈黃色

唇肉。）

▲口小再加口尖口反又唇黑者，主其人一生貧寒，同時招凶促壽。

▲口小額大者，乃「火多水渴」之格，主其人初中年運程蹇滯，晚年孤寂。

▲口小而頭大者，主其人早歲貧苦，晚年運蹇促壽。

▲口小鼻大者，乃「土尅水」之格，主其人一生勞碌而少收穫。

▲口如吹火者，謂之「吹火口」，如再言多言急，主其人一生破敗貧賤，言緩者減半論。

▲口如覆船者謂之「覆船口」，主其人一生貧窮勞苦。

▲口如無人而自言自語者，主其人貧賤孤苦。如口再薄者，主其人言行不良。

▲口無痰而常吐者，乃氣衰之徵，主其人先富後貧。吐而不收者，乃無用之輩未受善教。

▲口四週有鬍鬚鎖（困）口者，主其人口形再佳亦難發大運，尤以老年辛勞運蹇。

▲口角兩邊有井字紋者，主其人初年勞苦，中年得貴人之助而發達，晚年雖福壽但刑尅子女。

▲口角兩邊有直紋者，主其人晚年破家敗業，亦主性凶罹法網。

▲口上邊食祿倉有痣者，主其人一生不聚財，五十歲後尤易耗財，同時生性風流，但一生頗有口福。

▲「相不獨論」，當論斷口之相理休咎時，請參合其他部位綜合論斷之。

●口相看家族關係及婚姻子女

▲口形完美，唇紅齒白者，主其人夫妻恩愛，家運隆昌，子孫賢孝。

▲口形完美，不論男女，雖好色而不淫，精神肉體均能兼顧，主其人夫妻白首偕老。

▲口左歪右陷者，主其人夫妻不和，子女緣薄，或五十六歲至六十五歲刑剋子女。

▲口角下垂者，主其人老年孤苦，夫（妻）緣、子緣均薄。

▲口之上唇包下唇者，謂之「雷公嘴」，主其人個性不良，無子嗣。

▲口上下有直紋（非唇紋），口角又垂下者，謂之「皺紋口」，或名「布袋口」，不論男女，主其人一生勞碌少成，常有凶險，老年孤寒，無子女緣，即使有子女亦外出他鄉。

▲口形似吹火者，主其人刑尅子女，到老孤獨。

▲口形偏左者，主其人尅妻（男左女右）。

▲口四週有鬍鬚鎖（困）口者，主其人不享子女福。如年過六十五歲鬍髭仍然黑亮未變白者，主其人子女必幼小而不能自立，或不享子女福。如頭髮再黑亮者，則主晚年辛勞又刑尅子女。

▲口角生有短紋多條者，謂之「孤壽紋」，主其人晚年運蹇，子女少緣。

▲「相不獨論」，當論斷口之相理休咎時，請參合其他部位綜合論斷之。

●口相看健康智慧及個性品德

▲口爲脾竅，舌爲心苗，齒爲骨之餘。口正脾正，口歪脾偏，口小脾小，口大脾大，口上脾高，口下脾低。口唇肌肉緊實又有彈性者，主其脾臟先天發育良好，後天功能亦佳。脾脆脾虛者，則口常開。

▲口在閉合狀態下成彎弓形者，謂之「仰月彎弓口」，主其人意志堅定，工作認眞，生活規律，很懂得調劑身心，對異性則愛情專一。

▲口似四字形者，謂之「四字口」，主其人口才便給，最宜從事律師公關等自由職業。

▲口闊再加眼神清者，主其人文章蓋世，才氣橫溢。

▲口齊唇厚再加齒正而密者，主其人有孝心。

▲口常緊閉者，主其人工作認眞負責，意志堅定，機謀深藏。口常張開者，主其人浮躁欠耐心，意志薄弱，並少機謀。（註：患有鼻蓄膿症者不在此限）

▲口開齒露或睡中口開者，主其人短壽，（但神安並五露格者不忌）如再眼睛露白，胸口長亂毛者，必死非命。（註：此爲脾臟虛弱之徵）

▲口水在睡時外流者，謂之「夜漕」，七十歲以上有者主高壽，中年有者主短壽。（註：口水乃係一種綜合性內分泌，七十歲以上老人流口水，象徵其人內分泌正常，但因年老口腔內之自律神經鬆馳，或牙齒缺落故而外流。如中年人流口水，象徵其未老先衰，故短壽。）

▲口下之承漿無鬚或有痣，主其人有嚴重消導系統隱疾，不宜飲酒過量，否則醉死。又不宜游泳，易遭水厄，有波紋者更驗。（註：承漿有痣之人，主其人之胃曾有病變之徵，承漿無鬚，則主胃之中氣不足，均易導致脚容易抽筋，故有水厄。）

▲口形似吹火之狀者，不論男女，主其人個性狡詐，貪婪自私，又喜撥弄是非。

▲口形過於平扁又口角下垂者，謂之「魚口」，不論男女，主其人喜弄是非，自私護短，出言刻薄，一生勞碌無成。

▲口寬舌薄者，主其人喜好音樂歌唱。

▲口形大者，主其人意志力堅強，行動積極，個性熱誠爽朗。但口形過於廣大者，則主其人自私，個性強，有野心，好冒險，興趣多端，知進不知退，往往做事後悔，一生事業多成多敗。

▲口形過於肥大者，主其人生殖（即好淫）飲食能力均強，惟缺高尚之思想及宗教哲學之興趣，女性尤忌。（註：開化程度較低之民族，口型多比較肥大。）

▲口大唇厚者，主其人重情慾，性慾頗強。

▲口大唇薄者，主其人多自私自利，花言巧語，缺少眞誠，個性冷漠少情。

▲口大面小者，主其人性喜投機，喜貪便宜。

▲口小唇厚者，主其人人緣佳，肯奉獻付出，不會固執己見。

▲口小唇薄者，主其人言詞銳利詭詐，講求功利，個性冷漠，刻薄寡恩，無責任心，

一生破敗飄零。

▲口小眼亦小者，主其人膽量亦小，積極性不夠，依賴性重，適合理財會計或細密工作。

▲口小而眼大者，主其人壽命難過五十歲。

▲口尖如鳥嘴者，主其人說話刻薄，喜多言，欠口德，很難相處，在社會上人緣不佳。

▲口角下垂者，主其人欠鬥志，喜貪便宜，往往恩將仇報。又主無口德多猜疑，喜挑剔，個性剛愎自用，孤僻自私，無廉恥觀念，往往為人所嫌，口形闊又薄者尤甚。但口形肥大而口角下垂者，則主其人生性厚道，待人熱誠。

▲口角過份上翹者，主其人個性驕傲，有虛榮心，有大男人和女強人心態，事業多成多敗。

▲口角左右高低不一者，主其人個性乖謬，喜強詞奪理，又喜貪便宜。

▲口四週鬍鬚過於濃密，連口角亦有鬍鬚包圍者，主其人腸胃系統健康欠佳。

▲口左邊有損者，主其人貪而奸詐（**男左女右**）。

▲口說話急，再加走路急，吃飯急，性情急者，主其人成家快，敗家亦快。

▲口先動而後語者，主其人不是城府過深，拘謹愼言，就是心術不正，心機過多。

▲口欲言又止者，主其人寡情少義，處事有頭無尾。

▲口就食而食不就口者，主其人性貪，乃破家無用之輩。

▲口吃食時，狀似猴食鼠餐者，爲「口寒」之格，主其人終身貧寒，鄙俗慳吝。

▲口薄再加睛露者，主其人主觀意識強，個性不良。

▲口常作冷笑狀者，主其人善於譏笑諷刺他人。

▲口說話時含糊不清（口結），再加白睛呈現紅絲，頭髮又自然鬈曲者，主其人非常好色貪淫。

▲口歪斜不正者，主其人心術不正，虛榮心強，個性也強，喜強詞奪理，不肯認輸，往往招惹是非或得罪人。並妻不賢子不孝，晚年運蹇。

▲口角生有橫向短紋一、二條紋尾向下者，謂之「覆舟紋」，主其人應防凶死。

▲口角生有黑痣者，主其人有水險，亦主其人善於詭辯，或說話容易傷人。（黑子減半論）

▲「相不獨論」，當論斷口之相理休咎時，請參合其他部位綜合論斷之。

●女性口相之獨特相理休咎

▲女性以「口爲子星」，口唇無紋者主其人無子嗣。紋多而正，主子多而秀。

▲女性之口唇紅齒白，再加面色正土（**即面色黃潤**）者，主其人必嫁富貴之夫，婚後相夫旺子。

▲女性口紅而面白者，主其人水性楊花。如面頰閃紅者，謂之「面帶桃花」，主其人既淫又個性不良。

▲女性口笑時不見齒，再加額圓，眼睛黑白分明，手似乾薑，嬌而有威者，主其人秉性貞潔。

▲女性口笑時，面頰有酒窩者，主其人個性溫柔賢淑，但有消化系統之隱疾。

▲女性口笑時，用手掩口並偷視者，主其人水性楊花。

▲女性有「櫻桃口」者，主其人個性聰慧，溫柔賢良，有情有義，必嫁富貴之夫。

（**註：各種口之形狀特徵請參閱附圖**）

▲女性有「雷公嘴」者，主其人心性惡毒，刑夫尅子。

▲女性有「吹火嘴」者，主其人尅夫產難，心性狡詐，缺少婦德。

▲女性口大有收者，主其人為人幹練，行動積極，敢做敢當，領袖慾強，可做職業婦女，有社會適應力，愈複雜的工作環境，愈有活躍的空間，如其他各官配合得當者，必為女強人。

▲女性口大無收者，主其人好吃懶做，一生貧窮，刑尅子女。

▲女性口大無收，再加口形歪斜者，主其人刑尅產難，婚姻不美滿，心性狡猾又促壽。僅口形歪斜者，主婚姻不美滿。

▲女性口大無收，再加手骨粗大又面長（馬面）者，主其人尅夫再三。

▲女性口大無收，再加額窄者，主其人拖累夫運。

▲女性口大，再加唇厚又眉粗者，主其人個性男性化，性淫性急，任性偏執，生性懶散，先富後貧，刑夫尅子，婚姻不美滿。如口角再鬆馳下墜者，則貞操觀念淡薄。

▲女性口大，再加唇薄，主其人喜弄是非，多為長舌婦。

▲女性口小，再加唇掀者，主其人淫賤，刑夫尅子。

▲女性口小，再加眼亦小者，主其人被動內向，自我防衛觀念強，不是敢愛敢恨之人。

▲女性口小，再加唇暗耳小者，主其人容易流產。

▲女性口小再加面橫大者，謂之「帶刹」，主其人刑夫尅子。

▲女性口高齦露者，主其人無婦德並刑夫尅子。（**僅齦露者主刑夫尅子而已**）

▲女性口尖齦露者，主其人貧賤招非短壽。

▲女性口薄，說話時唇掀者，主其人強詞奪理，喜弄是非，一生勞碌貧賤，（**註：鼻塌鼻尖者尤甚**）

▲女性口角生紋者，主其人淫賤，婚姻不美滿。

▲女性口上下及口角生痣者，主其人不安於平淡，婚姻不美滿。亦主有生殖系統及消導系統之隱疾。

▲女性口角下垂者，主其人晚年貧寒，孤獨之相。

▲女性口角偏右者，主其人尅夫。

▲女性口內生有「虎牙」者，主其人性情溫柔，善解人意，其他五官再配合得當者主有成就，最宜從事影藝表演事業。但地閣尖削者減半論。

▲女性口常冷笑者，主其人嫉妒心重，個性陰險。

▲女性口在說話時如男聲音，或聲音特別高響者，主其人雖聰明幹練，但個性急躁，作事任性妄爲，剋夫淫亂，破家累夫。如聲音沉而無韻者，主其人有孤獨之相，平生命運多逆。

▲女性口四週皆有青色者，主其人刑夫剋子又促壽。（註：此爲內臟器官不健康之徵。）

附註：女性之口相除上述之獨特相理及休咎外，其他一般性之相理及其休咎與男性同論，但有關男性口相獨特之相理及其休咎例外，因男性屬陽，女性屬陰，故在休咎解釋上有所不同，讀者不可不察。

●唇之部份

▲唇宜稍厚（含上下唇），主其人重忠信，有才華，富機智，多情多義，待人親切。

但唇太過厚者，主其人愚魯無智，缺少心機，意志薄弱。上下唇俱薄者，則主其人個性不良，喜狂言妄語，乃無口德之人。

▲唇爲口之城廓，故欲厚。上唇又名「金覆」，下唇又名「金載」，上下唇覆載均勻者，主其人一生衣祿豐盛。覆載不均勻者，主其人一生多勞少獲，乃貧寒之相。

▲唇色紅潤，主其人夫妻緣佳，婚姻美滿，如齒再白者，主有孝心，子孫滿堂，性慾正常（**女性尤驗**）。色淡者，主其人夫妻緣薄，性亦乖謬。

▲唇紅鬚白者，主其人忠貞報國之心，至死不逾。

▲唇之上唇前凸者，主其人長壽，但尅父孤苦，或與親離（**男上女下**）。下唇前凸者，主其人尅母孤苦，或與親離。

▲唇之上唇薄過下唇者，主其人出言必薄，欠口德，語多狡詐。下唇薄者，主其人一生運蹇貧寒。

▲唇之下唇厚過上唇者，主其人個性自私偏執，佔有慾強，對他人之利益尊嚴缺乏尊重，但往往擁有大財富的人，均爲下唇厚過上唇。下唇又厚又歪者則主其人個性不良，並性慾強，一生難有大成就。

▲唇之下唇在說話時外翻（即掀唇）者，主其人有叛逆性，桀驁不馴，自以爲是，在社會上難以立足，不論男女，婚姻緣薄，即使結婚，亦必離異。

▲唇之下唇似墜下者，主其人一生孤寒，與妻子兒女少緣。

▲唇之下唇長而薄者，主其人喜美食。

▲唇平不起似無者，主其人一生貧賤，老年孤寒。

▲唇尖薄者，主其人頭腦冷靜，狡猾善詐，終必貧夭。

▲唇不能蓋齒者，主其人招非惹嫌，終身運蹇。

▲唇掀齦露者，主其人孤苦刑尅，如再加喉結高起者，主其人死於他鄉郊野。

▲唇有先天性缺損者，謂之「兔唇」。乃因母親懷孕時，遺傳基因突變，或母親服食不當葯物，致使唇部發育有障礙而形成。主其人自卑感重，最宜從事技藝工作，或從事帶技藝的商業活動，同時不易孕育子嗣。

▲唇色青紫者，主其人個性貪婪倔強，運程坎坷。唇色青黑者，主其人多病，如鼻再有黑子者，主其人暴死。唇色蒼白者，主其人患貧血之症，亦主小腦不發達，欠缺生殖能力。唇色如雞肝者，主其人久病運蹇。

▲唇上多紋又整齊者（下唇更要有紋），主其人積有陰德，待人熱誠，富同情心，見義勇爲，子孫滿堂。無紋者，主其人心性不良，自滿不謙，個性喜挑剔，一生難有善舉。又主其人缺乏子嗣，老年孤寂。紋明秀深細者，主其人聰明仁厚，衣祿豐盛。紋粗淺不秀者，主其人終身勞苦，勞多獲少。

▲唇上有黑子者，主其人應注意飲食服藥中毒及消化系統之保健。

▲女性唇紅齒白者，主其人夫妻恩愛，婚姻美滿，相夫旺子。

▲女性唇紅體瘦者，主其人夫妻恩愛又多誕男。

▲女性唇白體瘦者，主其人夫妻感情不佳，生育困難或常流產，又主促壽。如唇白口尖，壽命難過三十歲。（註：此乃女性血不旺之徵，先賢強調「男看神強，女看血旺」）

▲女性唇色紫黑色者，主其人刑夫剋子。

▲女性唇掀齦露，再加唇齒不相蓋者，主其人剋夫並有產厄。如再體瘦面黑者，主其人心機深，難以捉摸。

▲女性唇掀齦露，再加無腮者，主其人淫賤，婚姻不美滿。

▲女性唇掀齦露，再加舌尖者，主其人性狠淫賤，婚姻不美滿。

▲女性唇無人自動者，主其人有神經質並好淫，婚姻不美滿。

▲女性上下唇不緊閉者，主其人個性懶散，有墮落之虞。

▲女性下唇過於前突者，主其人不旺夫，又性悍奴夫，下唇外翻者尤甚。

▲女性下唇略凸略厚者爲吉相，主其人晚運通順，子女優秀，但下唇不宜包上。

▲女性下唇有痣者，主其人容易發生不正常男女關係。

▲女性上唇厚過下唇者，主其人工作能力強，但個性倔強，大多屬女強人型人物，一生感情生活欠美滿，同時孤寂不壽。

▲女性唇蹇縮者，主其人有婦科病並防產厄。

▲女性唇上無紋者，主其人難育子息。

▲女性有兔唇者，主其人刑夫尅子，但眉清目秀者減半論。

●舌之部份

▲舌以長、大、方、利、鮮紅爲吉相，短、小、薄、鈍、尖、暗黑、灰白爲劣相。

但木火形人之舌不忌尖。金水土形人之舌則宜圓厚。

▲舌色鮮紅者，主其人運程得意，舌色黯紫者，主其人貧病交加。

▲舌上有川字紋者，主其人可大富。舌上有十字紋，或有直紋，或有錦紋繞舌者，主其人可大貴。有橫紋者（非斷折），主其人可中小富貴。

▲舌中間有斷者，主其人一生大窮大蹇。

▲舌吐滿口者，主其人可貴可富。但舌過於粗大者則主飢寒。

▲舌能舔準者，主其人可大貴，但體形瘦小五官庸俗之人不可同論。如鼻相眼相有缺陷，再有舌能舔準者，乃不吉之相。

▲舌有粟粒（即味蕾）者，主其人榮吉貴顯。舌禿平者，主其人一生貧賤。

▲舌先出而後語，或舌先舔唇而後語者，主其人多淫逸妄談。

▲舌小口大者，主其人快人快語。舌大口小者，主其人辭不達意。

▲舌小又短者，主其人愚貧。舌短又粗者，主其人愚魯。

▲舌小又尖者，主其人貪婪，舌尖而白者，主其人喜弄是非，舌小又長者，主其人貧寒。

▲舌大又薄者，主其人妄謬。

▲舌大又長者，主其人可貴可富，但爲人奸猾。舌長似蛇出者，主其人性毒。

▲舌底生橫梗者，主其人老年破敗。

▲舌有黑子者（非黑痣），主其人個性虛僞，罹患惡疾之徵。

▲舌中央有黑痣者，主其人非富即貴。

▲女性舌厚大色艷者，主其人婚姻美滿，可貴可富。如未言先伸舌，或舌如蛇狀，或舌短禿薄小者，主其人個性不良，一生貧苦。

●齒之部份

▲齒以當門二齒最爲重要，凡當門二齒白瑩長大（如龍齒）者，主其人少學多成，發達頗早（註：證之早發之公職人員、科技人員及影藝人員最驗）。

▲齒之當門二齒缺落（含齲齒）者，主其人個性不良，多學少成，青少運不佳，如口形再不佳者，則主一生運程阻滯。

▲齒之當門二齒與父母之遺傳關係密切（左父右母，男左女右），凡當門二齒長大整

齊者，主其人父母及自身均多福多壽。

▲齒之當門二齒缺損者，主其人妨尅父母，左當門齒傾前者父先亡，右當門齒傾前者母先亡。（男左女右）

▲齒之下列當門二齒長短大小不一者，主其人家境不佳，幼少年運滯。

▲齒在說話時，不露出者，主其人可貴可富。

▲齒白唇紅者，主其人多才多藝，或學有專長，如口形再佳者，主其人一生運程通達。

▲齒整齊緊密如「榴子」如「編貝」，或齒長如「龍齒」者，主其人善良忠信高壽。參差不齊疏落間缺者，主其人倔強怪僻，狡猾僞善，恃才傲物，鮮有成就，同時短壽。（註：尤重門齒白瑩長大，門齒佳者爲內學堂成）

▲齒數在三十顆以上者，主其人可貴可富，齒數不滿三十顆者，主其人爲平常之人或貧賤之人。（註：大體言，血氣強者齒多，血氣弱者齒少，骨質佳者齒白瑩堅牢，骨質差者齒易齲易落。）

▲齒過尖又不足二十八顆者，主其人一生貧賤。

▲齒過小又不足二十八顆者，主其人夭折貧寒。

▲齒長而白瑩（即當門二齒長度達一公分以上）者，主其人身體健康長壽，個性開朗，智慧優良，魄力精力均強，成就亦較齒短者爲大。如當門二齒長達一公分半以上者，謂之「龍齒」，如其人再身長、面長、鼻長、耳長、手長者，謂之「龍形」，主其人必大貴。

▲齒短（不足三分之二公分）者，主其人不能成大事，如不足半公分又齲者，主其人體力智力均不足，一生福薄壽促。

▲齒上尖下濶者，主其人個性鄙陋。齒下尖上濶者，主其人個性粗獷。

▲齒在青壯之年掉落者，主其人難享高壽。

▲齒漏縫者，主其人喜妄言，漏縫如倒三角形者，主其人貧困災險，又主與六親關係淡薄，欠孝心，幼少年身體羸弱。

▲齒肉（即牙齦）不宜露（大笑時例外），露齦者，主其人命薄刑尅（女性尤驗）。下齒列露齦者，主其人冷酷無情。

▲齒之上列下列咬合不正而成上掩下之狀者，主其人青少年困這。如下掩上者，則

主晚歲鰥寡，或婚姻不美滿。

▲齒下列內凹者，主其人爲人慳吝，視錢如命，但一生不缺錢用。

▲齒上列外傾者，謂之「暴牙」，主其人一生孤苦貧寒，夫（妻）緣子緣均薄，並貪淫欠孝心。又主其人難守秘密，女性尤忌。

▲齒暴者（專指當門二齒），主其人懼內，並少年運蹇。女性則主產厄刑剋，並欠公婆緣。

▲齒前後上下交錯，形狀尖方不一者，名爲「鬼牙」，主其人貧賤災險夭壽。

▲齒在三十歲前脫落者，主其人促壽，五十歲前脫落者，主其人多刑劫，中年生齒或缺齒復生者均主添壽，晚年生齒或缺齒復生者雖主添壽，但刑剋子孫。

▲齒在無事時咬牙若怒者，謂之「虎吻」，主其人個性凶狠，如再有「狼行」者，主其人既凶狠又機深莫測。

▲齒在睡夢中相磨擦者，主其人骨腎相火，對妻子、兒女不利。

▲齒肉呈黑色者，主其人有腎病，或內分泌失調。

▲齒之犬齒重疊而生者，謂之「虎牙」，主幼少年刑傷父母或兄弟，重生在當門二齒

者，主其人中年災厄。但有虎牙之人，均有或多或少之成就，尤具藝術才華，女性尤驗。

▲齒喜白淨色瑩，忌焦黃黑枯，惟黃如璞玉，黑而光亮者，主其人福壽富裕。（註：齒為骨之餘，骨之結構成份佳，牙齒自然白瑩或黃璞或黑亮。）

▲齒白枯或黑枯、黃枯者，不論男女，主其人刑妻（夫）尅子。常有災疾，齒列漏縫者尤甚。

▲女性當門二齒不忌長大，如犬齒及臼齒亦長大者，主其人骨骼必粗，個性男性化，一生勞碌刑尅。

▲女性當門二齒過白過長者，主其人聰明幹練，少學多成，發達頗早，但個性強，性淫逸，婚姻難得美滿。

▲女性齒參差不齊者，主其人個性不良又多淫。

▲女性長有「虎牙」者，主其人易為人所喜愛，如從事影藝事業必有成。

▲女性分娩後落牙者，主其人先天氣血不旺之徵。先天氣血旺者，不會產後落牙。

口各部名稱圖

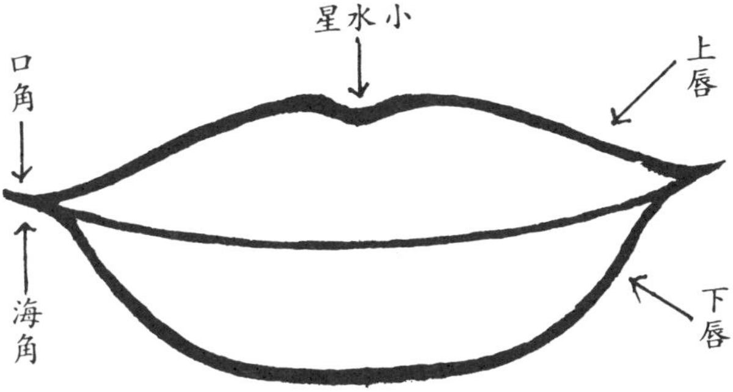

（本章所繪之口圖，以《神相全編》所記載者爲準，讀者作印證時，千萬不可拘泥，只印證其特徵即可。）

龍口

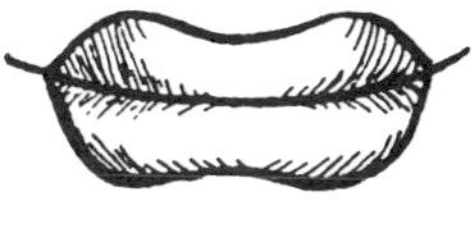

「龍口」爲男性最佳之口，其特徵爲兩唇豐厚整齊，口角清奇上仰，主其人領袖群倫，乃大貴特貴之格。

櫻桃口

「櫻桃口」的特徵爲口圖唇厚小而方正，口角朝上色紅鮮艷，齒如榴子，笑時似蓮花開放。主其人聰慧溫良，有情有義，女性有此口必配富貴夫。

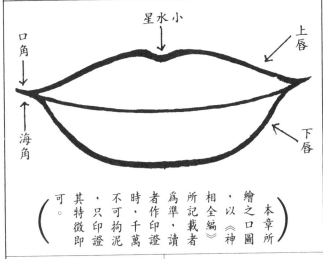

各式口相圖(一)

四字口

「四字口」亦名方口，其特徵爲上下四方有稜，口角兩齊，唇如抹硃，笑不露齒，主其人福壽雙全，乃大貴之格。

仰月口

「仰月口」的特徵爲口如仰月上彎，齒白唇紅。主其人文學超群，責任心強，主文貴，發達早，晚運亦榮。

彎弓口

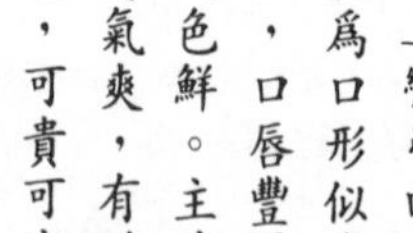

「彎弓口」的特徵爲口形似彎弓向上，口唇豐厚，紅潤色鮮。主其人神清氣爽，有鵬程之志，可貴可富，福壽自然。

牛口

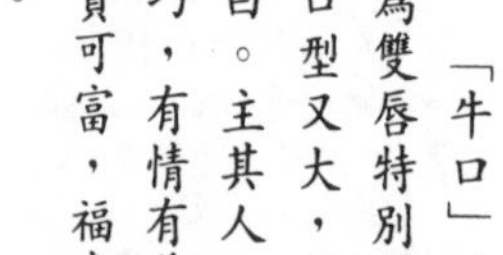

「牛口」的特徵爲雙唇特別豐厚，口型又大，舌長齒白。主其人心性靈巧，有情有義，可貴可富，福壽綿綿。

各式口相圖(二)

虎口

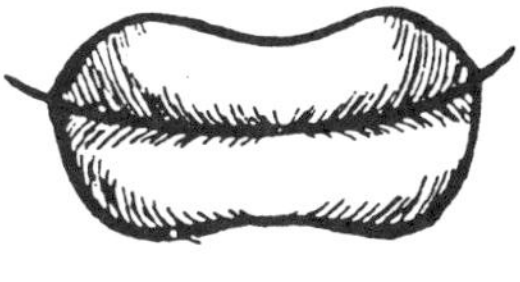

「虎口」的特徵爲口型濶而有收，大可容拳，口角朝上。主其人不貴即富，並可臻大富或大貴。

皺紋口

「皺紋口」又名布袋口，其特徵爲雙唇緊縮，口角朝下，唇上下皺紋滿佈，面容似哭。主其人妻子俱遲，少年辛苦，老年孤貧。

覆船口

「覆船口」的特徵爲口角特別彎下，狀似覆船，唇色不鮮，色似牛肝。主其人少年流離顛沛，一生貧苦孤獨。

鰣魚口

「鰣魚口」的特徵爲口薄唇闊，口角尖而下垂，唇色滯暗不鮮，牙齒大小參差不齊。主其人一生漂蕩，衣食不豐。

各式口相圖(三)

羊口

「羊口」的特徵爲口長又尖，唇薄上下無鬚，主其人不得人緣，常惹人嫌，一生事業無成，年華虛度，終必有凶。

豬口

「豬口」的特徵爲上唇肥厚前凸，並覆蓋下唇，下唇則尖小薄短內縮，兩口角則下垂。主其人個性愚蠢，生性凶暴，不得善終。

吹火口

「吹火口」的特徵爲口尖不收，唇掀齦露，口角下垂，狀似吹火，再上唇包下唇者，則名雷公嘴。主其人心性不賢，一生孤單貧困，女性尤忌。

歪斜口

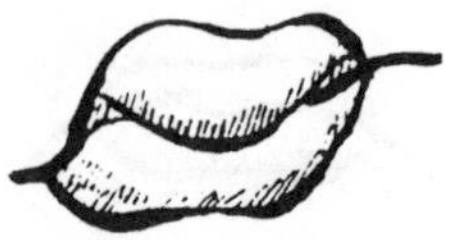

「歪斜口」的特徵爲口形不正，上下不齊，唇上少紋，大而不收，但中風口歪者不論。主其人不妨父即妨母，妻不賢子不孝，短壽之相。

各式齒相圖(一)

龍齒

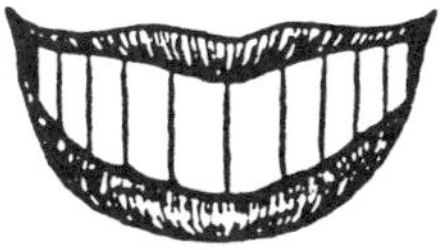

「龍齒」爲男性最佳之齒，其特徵爲門齒特別長大白瑩，齒數三十二顆以上。主其人如身長面長鼻長耳長乃龍形得眞，必主大貴特貴(相理衡眞)

榴子齒

「榴子齒」爲女性最佳之齒，其特徵爲齒如石榴之子，短方緊密，堅而白瑩，主其人聰明賢良，男性可貴可富，女性必嫁貴夫。(麻衣相法)

牛齒

「牛齒」的特徵爲門齒白瑩長大整齊，齒數三十二顆以上。主其人富多於貴，子孫繁衍優秀，自身亦福壽綿綿。(相理衡眞)

虎牙齒

「虎齒」俗稱虎牙，其特徵爲上齒列門齒旁之犬齒前凸暴出。主其人如口形好唇色鮮，犬齒長大白亮，必然少年發達，尤以從事影藝人員最宜。

各式齒相圖(二)

狗齒

「狗齒」的特徵爲門齒長短大小參差不一，有如鋸齒狀，犬齒則既長又尖，有如立錐。主其人個性刁鑽古怪，妄誕無信，事業無成(人倫大統賦)

鬼齒

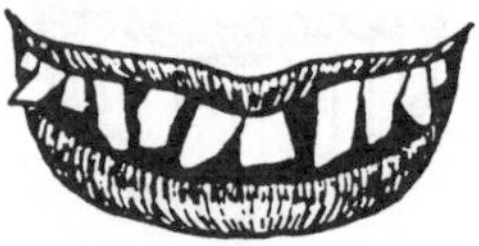

「鬼齒」的特徵爲門齒犬齒均長短大小參差不齊，每顆牙齒的形狀亦尖削偏斜不一，並唇掀齦露，主其人生性欺妄虛僞，言行欠檢點(相理衡眞)

暴齒

「暴齒」的特徵爲上齒列大小錯亂向外凸出，或門齒重疊相擠向外凸出。主其人初年破敗刑剋六親，一生即使富貴，但得來艱辛。(公篤相法)

漏縫齒

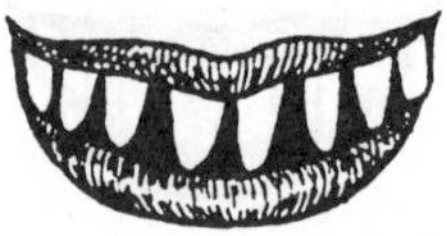

「漏縫齒」的特徵爲齒上寬下窄，大小不一，齒與齒之間形成空隙，主其人多言虛僞，常多是非，難聚錢財，刑剋父母或不孝。(公篤相法)

命理與人生

社　址：台北市和平西路三段240號4F
電　話：(02)23066842
郵　撥：0103854—0 時報出版公司
信　箱：臺北郵箱79—99號

①紫微斗數新詮	慧心齋主著
②如何推算命運	慧心齋主著
③紫微斗數看婚姻	慧心齋主著
④紫微斗數看錢財	慧心齋主著
⑤紫微斗數看工商人	慧心齋主著
⑤紫微斗數開發潛能㈠	慧心齋主著
⑤紫微斗數開發潛能㈡	慧心齋主著
⑪明天他們將做什麼 ——20位政壇名人的命與運	了無居士著
⑫斗數論命	紫雲著
⑬原版「斗數宣微」現代評註(上)	觀雲主人原著／了無居士評註
⑭原版「斗數宣微」現代評註(下)	觀雲主人原著／了無居士評註
⑮斗數論求財	紫雲著
⑯「清朝木刻陳希夷紫微斗數全集」現代評註	了無居士著
⑰斗數新觀念	吳東樵著
⑱中國古代算命術	上海・洪丕謨／姜玉珍合著
⑲紫微斗數講義㈠ ——如何排命盤	陸斌兆編著・王亭之補註
⑳紫微斗數講義㈡ ——星曜的特性	陸斌兆編著・王亭之補註

㉑認識自己改造命運　飛雲山人著
㉒公共關係面相術　飛雲山人著
㉓事業成功準則觀人術　飛雲山人著
㉔現代女性相術　飛雲山人著
㉕看相的故事　飛雲山人著
㉖看相的故事續集　飛雲山人著
㉗看相的故事第三集　飛雲山人著
㉘看相從頭學　飛雲山人著
㉘飛雲山人看相手記　飛雲山人著
㉟臉的秘密
——世界名人面相　瑞蘭・楊格著/李雲嘉譯
㊱爲你解風水　宋韶光著
㊲風水照妖鏡　勞大剛著
㊳李人奎談風水　李人奎著
㊴斗數論姻緣　紫雲著
㊵斗數疑難100問答(古典篇)　了無居士著
㊶斗數疑難100問答(現代篇)　了無居士著
㊷紫微論命不求人　了無居士著
㊸斗數論事業　紫雲著
㊹頭相、面相概論
——蕭湘相法(一)　蕭湘居士著
㊺五官相法精粹
——蕭湘相法(二)　蕭湘居士著
㊻面相及面相的流年
——蕭湘相法(三)　蕭湘居士著
㊼看星座透視你的老闆　田希仁著
㊽看星座透視你的男人　田希仁著

⑧①日月星座

——西洋占星學系列　　劉鐵虎著

獻給中國父母的——

親 子 叢 書

社 址：台北市和平西路三段 240 號 4 F
電 話：(02)23066842
郵 撥：0103854—0 時報出版公司
信 箱：臺北郵箱 79—99 號

①找個好保母	羅月鳳著
②孩子面對陌生人的時候	顏慶祥／湯維玲合著
③指導孩子看電視	彭孟堯著
④認識才藝班	孫敏芝著
⑤爲孩子選好書	曹之鵬／王正明合著
⑥啓發孩子的繪畫潛能	蘇振明著
⑦說故事的技巧	文大青兒福系兒讀研編中心著
⑧處理子女間的爭吵	吳芝儀著
⑨孩子的友誼世界	王文秀著
⑪兒藝意外傷害的防範	陳淑琦著
⑩怎麼給零用錢	韋雪琴著
⑫陪孩子養小動物	高淑貴／陳之宜合著
⑬培養孩子的責任心	黃意舒著
⑭讓孩子高高興興上學	徐月娥著
⑮爲孩子選玩具	溫明麗著
⑯我家的小舞者	陳玉秀著
⑰病弱兒的教養	吳淑美著
⑱自閉兒的教養	曾世杰／胡致芬合著
⑲殘障兒的教養	王振德著
⑳您的孩子資優嗎？	蔡崇建著
㉑智障兒的教養	張正芬著
㉒漫畫兒童法律街	李永然律師著
㉓漫畫兒童法律街㈡	李永然律師著
㉔漫畫兒童法律街㈢	李永然律師著

命裡與人生㊺

五官相法精粹——蕭湘相法(二)

著　者—蕭湘居士
主編—心岱
編輯—郁冰
美術編輯—姜美珠
校對—龍子芳
董事長
發行人—孫思照
總經理—趙政岷
出版者—時報文化出版企業股份有限公司
10803台北市和平西路三段二四〇號三樓
發行專線—(〇二)二三〇六—六八四二
讀者服務專線—〇八〇〇—二三一—七〇五·(〇二)二三〇四—七一〇三
讀者服務傳真—(〇二)二三〇四—六八五八
郵撥—一九三四四七二四時報文化出版公司
信箱—台北郵政七九~九九信箱
時報悅讀網—http://www.readingtimes.com.tw
電子郵件信箱—liter@readingtimes.com.tw
印　刷—盈昌印刷有限公司
初版一刷—一九九二年十一月二十五日
初版十七刷—二〇一三年九月五日
定價—新台幣一八〇元

ISBN 978-957-13-0538-7
Printed in Taiwan

國立中央圖書館出版品預行編目資料

蕭湘相法. 二, 五官相法精粹 / 蕭湘居士著. --
初版. -- 臺北市 : 時報文化, 1992[民81]
面 ; 公分. -- (命理與人生 ; 45)
ISBN 978-957-13-0538-7 (平裝)

1. 面相

293.21 81005379